T0169776

CLASSIQUES EN POCHE

Collection
dirigée
par
Hélène Monsacré

ARISTOPHANE

LYSISTRATA

Texte établi et traduit par Hilaire Van Daele
Introduction et notes de Silvia Milanezi

Quatrième tirage

LES BELLES LETTRES

2016

Ce texte et la traduction sont repris du volume correspondant dans la Collection des Universités de France (C.U.F.), toujours disponible avec apparat critique et scientifique. (Aristophane, Théâtre, *tome III, 13ᵉ tirage, 2009)*

95 bd Raspail 75006 Paris.
www.lesbelleslettres.com

Première édition 1996

ISBN : 978-2-251-79900-1
ISSN : 1275-4544

INTRODUCTION

*par Silvia Milanezi**

Cherchant un temple impérissable,
les Grâces trouvèrent l'âme d'Aristophane.

Platon, Épigramme *14 P.*

1. Aristophane : le préféré de la Muse comique

Aristophane est le seul poète de la comédie ancienne* dont certaines œuvres nous soient parvenues en entier. Grâce aux érudits de l'Antiquité et du Moyen Âge [1], nous pouvons lire aujourd'hui onze des quarante comédies qu'il a écrites [2], mais, de ce poète comique tant de fois couronné à Athènes [3], nous ne savons presque rien [4].

* Maître de conférence à l'université de Grenoble-II.

1. Si des savants alexandrins comme Lycophron, Ératosthène, Euphronios ont beaucoup étudié l'œuvre d'Aristophane, c'est Aristophane de Byzance, critique alexandrin lui aussi, qui a préparé la première édition critique de ses œuvres. C'est à Symmaque, érudit de la fin du Ier siècle-début du IIe siècle, que nous devons le premier *Choix des comédies* d'Aristophane, suivi d'un commentaire.
2. À vrai dire, Aristophane a écrit 44 ou 45 comédies. Des comédies perdues, la tradition nous a transmis plus de 900 fragments.
3. Cf. *IG* II² 2325, 58 (poètes vainqueurs lors des Dionysies); *IG* II² 3090 (victoire à Éleusis).
4. Quelques notices courent dans des biographies anonymes (cf. « Aristophanes. Testimonia », in *Poetae Comici Graeci*, éd. Kassel-Austin [K.-A.], p. 1-34), mais tiennent plus de la fiction que de la réalité.

Les spécialistes s'accordent pour dire qu'Aristophane serait né vers le milieu du Ve siècle, soit entre 450 et 445 et qu'il aurait vécu jusqu'au début du IVe siècle, soit vers 385 [5]. Selon l'anonyme auteur de la *Vita* I, Aristophane était athénien, du dème de Kydathénée [6] dans la tribu Pandionis. Malgré d'autres versions qui font de lui un éginète ou un rhodien de Lindos, donc un métèque à Athènes, la majorité des spécialistes penche pour cette première hypothèse [7]. De ce même dème venait également ce Cléon, chef du parti démocratique de 428 à 422, qu'il attaque si vigoureusement [8]. De plus, il suffit de lire l'œuvre d'Aristophane pour se rendre compte qu'aucun étranger ne pouvait connaître si intimement les rouages du système politique athénien, rapporter tous les ragots qui touchent la fine fleur de la société de l'Attique et se permettre de donner des conseils utiles, justes pour la cité, faisant de certaines de ses parabases de vrais réquisitoires politiques. Pour plaire à un public difficile et remuant comme celui d'Athènes, il fallait le connaître de l'intérieur, appartenir à la communauté civique. Et, dès ses premières œuvres, Aristophane a eu le sens des trames les plus drôles puisque les plus ancrées dans la réalité. Il n'est donc pas étonnant qu'il se présente devant son public comme le poète aimé de *Komodidaskalia*, la Muse comique [9].

5. K.J. Dover, in *Aristophanes' Frogs*, Oxford, 1993, p.2-3, montre que cette datation tient moins de la réalité que d'un procédé hellénistique qui consiste à placer la naissance d'un poète quarante ans avant son acmé, celle d'Aristophane étant donné sans doute par les Grenouilles, représentées en 405 av. J.-C.
6. Cf. *Aristophanous Bios*, XXVIII, l. 19-16 (éd. K.-A.).
7. D'ailleurs confortée par une inscription du début du IVe siècle qui fait mention d'un Aristophane, de la tribu Pandionis, qui avait exercé la charge de prytane (cf. *IG* II, 2, 865).
8. Dans les *Cavaliers* particulièrement ; voir aussi *Acharniens*, 377-382 ; *Guêpes*, 1284-1291. Sur ce point, cf. G. Mastromarco, « L'esordio "segreto" di Aristofane », *Quaderni di Storia*, 10, 1979, p. 153-196.
9. Cf. *Cavaliers*, v. 517.

Aristophane débuta au théâtre d'Athènes en 427 avec les *Banquettants*, qu'il présenta soit sous le nom de Callistratos soit sous celui de Philonidès [10]. Selon le biographe anonyme, il aurait utilisé ce subterfuge parce qu'il était trop jeune [11] (sans doute n'avait-il pas atteint l'âge de la pleine citoyenneté) ; de plus, auteur encore inconnu, il risquait, semble-t-il, de ne pas obtenir de chœur. Il est utile de noter qu'Aristophane ne demanda que très rarement un chœur en son propre nom et que cet usage du prête-nom ne semble pas exceptionnel à Athènes [12]. Quoi qu'il en soit, le public athénien savait faire la différence entre celui qui se chargeait de la production ou de la mise en scène — c'est-à-dire celui qui demandait un chœur aux archontes responsables des concours dramatiques — et le poète lui-même.

À la naissance d'Aristophane, Athènes était une cité démocratique et une grande puissance maritime. Son rôle, lors des guerres Médiques, lui avait valu, à partir de 478 av. J.-C., la place d'hégémon au sein de la ligue de Délos, qui réunissait de nombreuses cités de l'Égée inquiètes de la puissance perse trop proche. Contre le paiement d'un tribut, soit en trières ou hommes, soit en argent, les cités confiaient à Athènes leur protection. Mais, peu à peu l'hégémonie devient impérialisme d'autant plus insupportable qu'à partir de 449 Athènes signe la paix avec la Perse. Les cités alliées, fatiguées du joug athénien, font appel à Sparte, qui n'est que trop contente de venir leur prêter main forte. La situation s'enveni-

10. Poète comique plus âgé qu'Aristophane dont la tradition nous a légué trois titres. Il aurait obtenu le premier prix aux Lénéennes de 410 (cf. *IG*, II, 2, 2325). Callistratos était probablement un poète comique mais nous ne connaissons aucun fragment de lui.

11. Cette inférence trouve sa source dans les vers des *Nuées*, 528-532, où le poète affirme qu'à ses débuts il était trop jeune pour assumer seul la tâche de prendre un chœur.

12. Eupolis présenta son *Autolycos* sous le nom de Démostratos (cf. Athénée, 216 d).

me et, très rapidement, Athènes et Sparte, suivies de leurs alliés, vont s'affronter dans un long conflit — 431 av. J-C. à 404 av. J.-C — connu sous le nom de guerre du Péloponnèse [13].

En 431, embellie par les grands travaux de Périclès, Athènes est puissante et paraît invincible. Mais cette puissance est fragile : en 429 av. J.-C., la peste (ou une épidémie de typhus), remontant des bateaux du Pirée, gagne Athènes, décimant la population et emportant au passage Périclès, l'homme qui depuis 460 était le premier citoyen. Plus que les attaques péloponnésiennes, les événements de 429 plongent Athènes dans une profonde crise sociale, économique, psychologique et morale. À la mort de Périclès, la guerre commence à être un lourd fardeau : un impôt exceptionnel, l'*eisphora* *, est perçu à partir de 428. Au lieu de chercher à faire la paix, les chefs du parti démocratique, dont le plus en vue est Cléon, prônent la guerre à outrance en affirmant l'impérialisme nécessaire à la survie de l'État.

C'est dans ce climat qu'Aristophane se lance dans la carrière littéraire. Les œuvres de cette période (427-404) – *Acharniens, Cavaliers, Nuées, Guêpes, Paix, Oiseaux, Lysistrata, Thesmophories, Grenouilles* – sont tout à fait politiques : c'est la cité – la *polis* – qui est en question, dans tous ses aspects. Ainsi Aristophane met en scène des assemblées et des tribunaux athéniens, l'opposition entre les oligarques et les démocrates, les rapports entre Athènes et ses alliés, les ravages de la guerre du Péloponnèse, la recherche de la paix et maints aspects de la vie athénienne, comme l'éducation, l'art, les mœurs, l'économie qui évoluent tout au long du ve siècle. C'est dans ce cycle que se place précisément *Lysistrata*, un réquisitoire contre la guerre et ses ravages. La guerre

13. Pour le déroulement de ce conflit, voir Thucydide, *Histoire de la guerre du Péloponnèse*, *passim*.

finie, après la victoire de Sparte sur Athènes en 404, Aristophane présenta encore de nombreuses comédies. La tradition ne nous en a transmis que deux, du début du IVe siècle, l'*Assemblée des Femmes* et *Ploutos*, pièces politiques elles aussi, même si, par l'intérêt qu'elles portent aux mœurs nouvelles des Athéniens, elles annoncent la « comédie moyenne* ».

Aristophane meurt vers 385. Avec lui se taisait une voix puissante, qui pendant quarante ans avait secoué les citoyens tout en les amusant. Œuvres éphémères, puisque créées pour une seule représentation, ses comédies ont traversé les siècles pour nous communiquer son rire impérissable, fondé sur les jeux de mots, les mots composés ou parlants, les expressions à double sens, les invectives, les quiproquos, les surprises, les renversements de situations, la fantaisie, l'utopie, le monde à l'envers, la parodie, le tout servi par une critique politique féroce, percutante. Ses métaphores sont extraordinairement drôles et, comble du raffinement, le poète va jusqu'à les transformer en scènes comiques. Aristophane n'est pas seulement un créateur de mots grossiers colorés de paillardise, comme le voudraient certains : son œuvre vibre d'une profonde inspiration poétique digne des plus grands poètes lyriques ou tragiques. Il a constamment recherché la nouveauté, le renouvellement des sources du rire. Le conseil que, dans l'*Assemblée des Femmes*, le chœur prodiguait à Praxagoras, Aristophane a tenté de le mettre en pratique sa vie durant : « N'accomplis rien de ce qui a été fait ou dit auparavant [14]. »

Les anciens eux aussi lui reconnaissaient cette excellence. Ses biographes affirment que Platon avait conseillé ses œuvres à Denys de Syracuse, qui voulait s'instruire sur la constitution des Athéniens [15]. Mais sur-

14. Cf. v. 578-579. Cf. aussi *Nuées*, v. 546-548.
15. Cf. *Vita* I, l. 42-45 éd. K.-A.

tout, ils reconnaissent en lui le chantre de la liberté : « Le peuple d'Athènes l'honorait et l'aimait pour sa détermination à montrer dans ses comédies que le gouvernement d'Athènes n'était l'esclave d'aucun tyran mais libre, qu'il était une démocratie et que le peuple était souverain [16]. »

2. Aristophane, le théâtre et la cité

On ne peut cependant comprendre l'œuvre d'Aristophane en dehors de son contexte athénien et, plus spécialement, en dehors des fêtes en l'honneur de Dionysos où elles étaient présentées. Malgré la guerre du Péloponnèse, Athènes continuait d'honorer ses dieux par des fêtes somptueuses, et Dionysos avait sa part lors des Lénéennes, du 12 au 14 Gamélion (janvier-février) et des Grandes Dionysies, du 11 au 13 Élaphébolion (mars-avril) [17]. Après des processions, des chants et des sacrifices, le dieu était honoré par les concours dramatiques où la tragédie et la comédie occupaient une place de choix [18]. Les Athéniens, friands de ces spectacles, mettaient un grand soin à les préparer : c'était une institution démocratique. Tout était organisé par la cité et les dépenses étaient assurées sous forme de liturgies* par les riches Athéniens [19]. À l'occasion de ces fêtes,

16. Cf. *Vita* I, l. 32-35 éd. K.-A.
17. Avant la guerre du Péloponnèse, les Dionysies allaient du 11 au 14 Élaphébolion. Sur les Lénéennes, voir A. Pickard-Cambridge, *The Dramatic Festivals of Athens*, 2e éd. (rev. de John Gould et D.M. Lewis), Oxford, 1968, p. 25-42.
18. Cinq comédies faisaient partie des programmes de ces concours. Pendant la guerre du Péloponnèse, trois seulement avaient le droit d'être présentées.
19. Sur ce point, voir Aristote, *Constitution d'Athènes*, LVI, 2 et LVII, 1; cf. aussi, *Dithyramb, Tragedy and Comedy*, 2e éd. rév. par T.B.L. Webster, Oxford, 1962. La cité offrait également aux plus démunis une indemnité correspondant au prix d'entrée au théâtre.

comme lors des Panathénées, Athènes se donnait à voir et voulait que son image fût la plus éclatante possible. N'oublions pas que c'est lors des Dionysies que les alliés venaient apporter leur tribut à Athènes [20], que les orphelins [21] nourris par l'État étaient présentés au théâtre et qu'étaient proclamés les bienfaiteurs de la cité devant la masse assise sur les gradins du théâtre. Tout en chantant Dionysos, Athènes célébrait sa gloire et sa puissance, son hégémonie politique, militaire, économique.

Quand débutaient les concours comiques, tous les yeux étaient rivés sur l'orchestre, où les acteurs et les choreutes chantaient, dansaient, se donnaient la réplique dans un spectacle féerique aux couleurs bigarrées. Chaque comédie se déroulait en deux parties séparées d'habitude par la parabase*. Vient d'abord le prologue, au cours duquel un ou deux personnages présentent sommairement l'intrigue fondée invariablement sur une idée extravagante, un projet qui frôle l'absurde ou l'impossible [22]. Puis, le protagoniste va se battre et chercher des alliés pour mener son projet à terme. Le chœur fait son entrée dans la *parodos** et ne quitte l'orchestre que tout à la fin de la pièce, à l'*exodos** Cette troupe joyeuse se dispute avec le protagoniste, le soutient ou le critique, commente ses plans, pour le plus grand bonheur des spectateurs. Après la *parodos* viennent les scènes comiques, étapes indispensables à la réalisation du projet du protagoniste. Vers le milieu de la pièce, quand le héros comique a atteint son but ou presque, les acteurs quittent l'orchestre. Alors les choreutes arrachent leur

20. Cf. scholie au v. 504 des *Acharniens* ; Isocrate, *Sur la Paix*, 82. Voir aussi Eupolis, *Les Cités*, fr. 240 K.

21. Cf. Isocrate, *Sur la Paix*, 82. Pour la liste des bienfaiteurs de la cité, cf. Démosthène, *Sur la Couronne*, 120.

22. Sur l'idée comique et le héros comique, voir C. H. Whitmann, *Aristophanes and the Comic Hero*, Harvard University Press, 1971 (1re éd. 1964).

masque pour chanter la parabase [23], brisant l'illusion dramatique au travers de discours qui tournent autour de la politique et de la poétique, et qui sont sont très attendus. C'est également dans cette parabase que le chœur chante des hymnes aux divinités, y mêlant les plus terribles insultes adressées aux grandes personnalités de la cité.

Dans la deuxième partie de la pièce, le héros comique jouit de son nouveau bonheur où travaille encore à réaliser son projet (comme dans *Lysistrata*) dans des scènes délicieusement hilarantes entrecoupées par les chants du chœur. Avant la fin triomphale, le protagoniste s'oppose à ses adversaires dans l'*agôn**, combat de mots qui lui accorde invariablement la victoire. L'*exodos*, enfin, est souvent le moment d'une fête collective où l'on célèbre la victoire du héros comique par des chants et des danses. Le public se laisse porter par la représentation d'un monde à l'envers, d'un pays de cocagne où tout est possible — même le bonheur —, d'une réalité transfigurée où il assiste à sa propre *mimesis*. Et il rit, offrant au poète la plus douce des récompenses et rendant à Dionysos son dû, lui qui apporte la joie au cœur des hommes.

Mais, comme on l'a dit, Aristophane, tout en faisant rire, mettait en scène des problèmes d'actualité, d'autant que la vie politique faisait relâche lors de ces fêtes. Il n'était pas rare que, les jours suivant les représentations, ce même public fût convié à délibérer sur des sujets identiques [24]. Tout en divertissant les spectateurs, les poètes comiques questionnent, mettent en scène la cité et ses problèmes. Contrairement à la tragédie, qui se sert

23. Cf. G.M. Sifakis, *Parabase and Animal Choruses. A Contribution to the History of Attic Comedy*, Londres, 1971.

24. Après la représentation des *Cavaliers*, les Athéniens accordèrent leur confiance à Cléon, malgré les protestations d'Aristophane dans cette pièce. Cependant, après la représentation des *Grenouilles*, Cléophon, dont Aristophane se moquait, fut jugé et condamné.

du passé, de la mythologie, bref de la « distance épique » pour construire ses trames et discuter les problèmes de la cité, la comédie se sert du présent, du quotidien, faisant d'Athènes et des Athéniens des personnages, créant donc une nouvelle mythologie, comique, grâce à laquelle on rit de soi sans en prendre ombrage. Tout au long de sa carrière, Aristophane montra à quel point les Athéniens étaient inconstants, irascibles, durs d'oreille aux vérités, doués d'une bêtise sans borne en matière politique (ou du moins trop facilement manipulables). Et pourtant le peuple riait car on lui offrait des explications à son malheur. Qu'elles traitent de poésie, de religion, d'éducation ou de politique, les comédies d'Aristophane tournent toutes autour du salut d'Athènes, que le poète voulait, comme Pindare, « la cité couronnée de violettes, la colonne de la Grèce [25] ». Ainsi il serait erroné de dire que le poète écrit une comédie dans le seul but d'obtenir le premier prix lors des concours [26]. N'oublions pas la profession de foi d'Aristophane dans les *Grenouilles*, où il fait dire à Euripide, Eschyle et Dionysos que le poète qui n'éduque pas les citoyens mérite la mort [27]. Lors des fêtes en honneur de Dionysos, les poètes comiques, en conseillant la cité, s'érigeaient en chantres de la gloire et de la pérennité d'Athènes, une pérennité qui passe par le changement et l'action. *Lysistrata* en est un exemple.

3. Lysistrata, les femmes et le salut de l'Hellade

Aristophane présenta Lysistrata en 411, sous l'archontat de Callias, se servant de Callistratos comme

25. Fragment du *Dithyrambe aux Athéniens*, 76 S.-M.
26. Opinion soutenue par L. Wysocki, "Aristophanes, Thucydides, B. VIII and the Political Events of 413-411 B.C.", *Eos*, 86, 1988, p. 239.
27. Cf. v. 1008-1012. La poésie devait donner des conseils utiles aux citoyens; cf. *Acharniens*, 500 sq., 650sq., *Grenouilles*, 686 sq.

prête-nom [28]. L'hypothèse [29] de cette pièce étant trop peu explicite, nous ne connaissons pas d'autres détails concernant sa représentation : concours, prix, concurrents. Cette année-là, Aristophane avait présenté également les *Thesmophories* dont l'hypothèse ne révèle pas non plus d'autres éléments susceptibles de servir à sa datation. Les spécialistes se fondent donc sur la structure de *Lysistrata*, ses thèmes et sa parabase (qui annoncent les *Thesmophories*) et sur les allusions d'Aristophane aux événements de 412-411, faisant écho à l'œuvre de Thucydide (et particulièrement à son livre VIII) pour dire que cette pièce faisait partie du programme des Lénéennes de 411 (mi février) [30], tandis que les *Thesmophories* auraient été mises en scène lors des Dionysies (mi avril) [31].

En 412-411, Athènes pansait les plaies de 415-413. L'expédition de Sicile, qui avait suscité tant d'enthousiasme en 415, se concluait en 413 par un cuisant échec. Alcibiade, un des plus fervents instigateurs de cette entreprise et un des généraux qui devaient commander l'expédition, avait quitté très rapidement les rangs athéniens pour passer à l'ennemi. Les autres généraux, Nicias, Lamachos et Démosthène, furent incapables de

28. Cf. *Hypothesis* I à *Lysistrata*, l. 34-35.

29. L'hypothèse, ou argument, est la présentation d'une pièce écrite par des grammairiens, souvent des Alexandrins, où l'on trouve généralement un résumé de l'intrigue, la date de présentation, les auteurs ayant participé au concours des Dionysies ou des Lénéennes, les prix obtenus par telle ou telle comédie.

30. Cf. A. Lesky, *A History of Greek Litterature*, Londres, 1966, p. 439, considérait que le thème de l'union des Grecs, très présent dans *Lysistrata*, pourrait être plus approprié aux Dionysies qu'aux Lénéennes, vu la différence du public présent à ces occasions au théâtre de Dionysos.

31. Cette datation repose sur le vers 1059-1061 des *Thesmophories*, où le poète parodie l'*Andromède* d'Euripide, représentée l'année précédente lors des Dionysies.

mener à bien les opérations et échouèrent devant Syracuse en 413 [32].

Quand la nouvelle de l'échec arriva à Athènes, l'incrédulité puis l'étonnement firent place au désarroi. Sans sa flotte, Athènes était une proie facile pour les ennemis. Suivant les conseils d'Alcibiade, Agis, un des rois de Sparte, s'était installé de façon permanente en Décélie où il avait établi une garnison. Sa présence en Attique était menaçante et les conséquences étaient dévastatrices : elle empêchait l'exploitation des mines du Laurion, indispensables à l'économie athénienne, et compromettait le ravitaillement qui venait d'Eubée en passant par la Décélie. En Égée, la situation était loin d'être rassurante : l'empire athénien lui-même était menacé par une alliance inattendue entre Sparte et le Grand Roi, ce qui provoquait la défection de nombreuses cités alliées. Enfin, fait plus grave, pour la première fois le peuple athénien s'en prenait à la démocratie responsable de la guerre et des lourdes dépenses qu'elle entraînait.

Cependant, au moment où *Lysistrata* est représentée, la cité avait regagné quelques positions en Égée et les malheurs de l'année précédente semblaient conjurés. Reste que les Athéniens se posaient bien des questions sur leur avenir, sur le salut de l'État. Et l'espoir de battre rapidement les Spartiates était bien faible. Partout les discussions concernant le maintien ou le renversement de la démocratie allaient bon train, d'autant plus qu'Alcibiade, voulant rentrer à Athènes, dépêchait des émissaires pour proposer à ses concitoyens de renverser la démocratie s'ils voulaient obtenir l'aide de son nouveau protecteur, Tissapherne, le Perse. Tout poussait aux complots, à la révolution, à la guerre civile.

32. Pour l'expédition de Sicile, voir Thucydide, VI et VII. Pour ses conséquences et la situation d'Athènes en 413-411, *ibid.*, VIII.

Dans cette atmosphère tendue et sombre, les poètes comiques avaient bien du mal à faire rire. Comment divertir les spectateurs et célébrer dignement Dionysos tout en évoquant le présent ? En 411, Aristophane trouve une solution inattendue en accordant la parole à celles qui étaient tenues au silence – les femmes – et, comble de la subversion, en leur ouvrant un domaine exclusivement masculin, l'espace politique.

Lysistrata, une « Athénienne [33] », convoque ses « concitoyennes » et les autres femmes grecques — des Béotiennes, des Corinthiennes, des Spartiates — qui depuis bien longtemps subissent la guerre, pour traiter d'une affaire brûlante : le salut de toute l'Hellade. Pour y parvenir, Lysistrata convainc les femmes de faire la grève du sexe. La dure abstinence qu'elles s'imposent et qu'elles imposent à leurs maris doit pousser ceux-ci à faire la paix s'ils veulent retrouver les délices d'Aphrodite. Mais la victoire ne s'acquiert qu'en déployant les grands moyens. C'est pourquoi les femmes décident aussi de s'emparer de l'Acropole, le haut lieu politique et religieux d'Athènes, où se trouve le trésor de la cité, le « nerf de la guerre ». La réaction masculine est immédiate. Les vieillards d'Athènes montent vers l'Acropole, mais en vain, avec la ferme intention de brûler ses portes pour en finir avec cette révolution qu'ils définissent comme une nouvelle tyrannie. Puis un magistrat vient s'enquérir auprès de Lysistrata des raisons de la prise de l'Acropole. L'héroïne s'explique, mais sans céder. Cinq jours s'écoulent et les insurgées donnent quelques signes de faiblesse : tous les prétextes leur sont bons pour quitter l'Acropole, désireuses qu'elles sont d'aller à la rencontre de leurs hommes.

33. Le mot « Athénienne » est utilisé comme une épithète d'Athéna chez Aristophane, jamais pour parler des femmes d'Athènes. Sur ce point, voir N. Loraux, « Aristophane, les femmes d'Athènes et le théâtre », in *Aristophane. Entretiens sur l'Antiquité Classique*, Vandœuvres, Fondation Hardt, 1993, p. 203-253 et p. 216-219.

Mais Lysistrata leur fait entrevoir la victoire : d'évidence Athéniens et Spartiates sont sur le point de céder. Et de fait, ils envoient une ambassade auprès de Lysistrata qui leur signifie que seule la paix aura raison de la résistance des femmes. Elle leur présente Réconciliation en personne et les ambassadeurs s'accordent sur les modalités de la paix. Tout est bien qui finit bien.

Irrévérente, drôle et sérieuse à la fois – car le sérieux est aussi le fait de la comédie [34] –, *Lysistrata* présente bien des nouveautés. C'est la première fois, dans le théâtre d'Aristophane et probablement dans la comédie attique, que le héros comique est une femme [35]. Lysistrata est un personnage si important, si élevé qu'elle donne son nom à la pièce [36]. Pour son héroïne, Aristophane utilise un nom propre forgé sur *luein* « délier » et *stratos* « armée ». Ce nom existait à Athènes, du moins au masculin [37] ; Aristophane s'en sert pour souligner le programme sérieux des femmes : « délier les armées » signifie promouvoir la paix, donc le salut de la cité, voire de l'Hellade. Certains [38] pensent qu'Aristophane aurait forgé ce nom à partir du nom de Lysimaque, « celle qui délie les combats » – nom que portait la prêtresse d'Athéna Polias en 411 –, pour souligner le rapport des femmes à la guerre et mettre leur complot sous la protection de la déesse. Il est possible

34. Cf. *Lysistrata*, 96; *Grenouilles*, 390.
35. Sur ce point voir J. Henderson, « Older Women in Attic Old Comedy », *Transactions and Proceedings of the American Philological Association [TAPhA]*, 117, 1987, p. 105-129, particulièrement p. 107-108 suivi par Th. Hubbard, *The Mask of Comedy*, Cornell University Press, 1991, p. 183.
36. Souvent le nom de la pièce est tiré du chœur, comme pour *Acharniens, Cavaliers, Nuées, Guêpes, Oiseaux, Grenouilles*. Dans *Lysistrata*, le chœur est double (celui des vieillards, celui des femmes), ce qui pousse le poète à choisir le nom de son héroïne.
37. Cf. Hérodote VIII, 96; Thucydide IV, 110.
38. Cf. D. H. Lewis, « Who was Lysistrata ? », *Annual of the British School at Athens [BSA]*, 50, 1955, p. 1-12.

également que le nom de l'héroïne fasse écho à *lysimelês*, « qui délie les membres », mot appliqué d'ordinaire à l'amour dans la poésie archaïque [39]. Selon cette dernière interprétation, ce jeu de mots annoncerait aussi les atouts dont les femmes, sous la direction de Lysistrata, disposeront pour accomplir leur programme. Dans cette pièce, en effet, les femmes déclinent toute la gamme de l'érotisme qui déclenchera la luxure de leurs maris pour les soumettre à leur loi. Elles sont fortes par ce qui traditionnellement les cantonne dans la faiblesse féminine. Cet échange entre Cléonice et Lysistrata illustre bien ce thème :

> « Et que veux-tu que des femmes fassent de sensé ou d'éclatant, quand nous vivons assises avec notre fard, nos tuniques safranées sur le dos, bien attifées avec des cimbériques tombant droit et des péribarides ?
>
> – C'est précisément là ce qui nous sauvera, j'espère, les petites tuniques safranées, les essences, les péribarides, l'orcanette, les chemisettes transparentes [40]. »

Lysistrata est double, comme est double l'intrigue de la pièce. Si, d'un côté, les femmes se réclament d'Athéna – déesse guerrière, bonne intendante, protectrice d'Athènes [41] – et sont soutenues par Artémis, la vierge farouche, de l'autre, elles se rattachent à Aphrodite – la séduction par excellence, donc l'arme des femmes – doublée de Persuasion, celle qui plie les hommes à sa volonté. Tant de forces conjuguées montrent l'importance de la lutte des femmes, leur détermination, et souligne leur union. Car, si les hommes grecs s'opposent, toutes les femmes de Grèce s'unissent. Il

39. Cf. Hésiode, *Théogonie*, 120, 911; Archiloque, fr. 85 Bergk, Sappho, fr. 40 Bergk.
40. Cf. v. 42-48.
41. Sur Athéna dans *Lysistrata*, voir C.A. Anderson, *Athena's Epithets. Their Structural Signifiance in Plays of Aristophanes*, Suttgart et Leipzig, 1995, particulièrement p. 39-55.

n'est donc pas étonnant que le désir, voire la frustration des mâles provoquée par la grève des femmes, éclate au grand jour à la fin de la pièce dans le rendez-vous manqué entre Cinésias et Myrrhine.

La grève et l'abstinence sexuelle présentes tout au long de la pièce provoquent bien des discours drôles et piquants, des *aphrodisioi logoi* [42], responsables de la mauvaise réputation dont pâtit *Lysistrata*. Considérée comme obscène, cette comédie a gêné plus d'un chercheur pudibond [43]. Pour la lire et pour se donner bonne conscience, on se sentait souvent obligé de procéder à une « opération de sauvetage » qui, tout en soulignant la licence du langage et quelques aspects scabreux de l'intrigue, mettait en évidence la hauteur des pensées et des propos d'Aristophane. Comme le souligne M. Rosselini [44], ce consensus général produit une véritable censure de l'analyse, occultant la richesse et la puissance de l'œuvre. Certes le langage est cru, obscène, et on pourrait dire, comme le font les femmes dans la pièce, que Lysistrata est *pankatapugon* [45], « rien que fesses ». Mais, avant d'être gêné ou scandalisé par la licence des Anciens, il faut souligner que le sexe et les plaisanteries grivoises font partie de l'essence même de la comédie : ainsi certains personnages portaient sur scène des *phalloi* en cuir en souvenir d'anciens rites de fécondité propres à célébrer Dionysos [46]. Rien de sur-

42. Les sujets de conversation des femmes. Sur ce point, cf. N. Loraux, « L'Acropole comique », in *Les Enfants d'Athéna*, Paris, 1990, p. 158.
43. Cf. M. Rossellini « *Lysistrata* : une mise en scène de la féminité », in *Aristophane, les femmes et la cité*, Fontenay-aux-Roses, 1979, p. 11-32, et G. Paduano, in *Aristofane. La festa delle donne, Lisistrata, Le donne al parlamento*, Milan, 1992, p. 25-29.
44. Art. cit., p. 11-12.
45. *Lysistrata*, v. 137.
46. Cf. A. Pickard-Cambridge, *Dithyramb, Tragedy and Comedy*, 2e éd. Oxford, 1962, et P. Ghiron -Bistagne, *Recherches sur les acteurs dans la Grèce classique*, Paris, 1976, particulièrement p. 207-297.

prenant à ce que, dans *Lysistrata,* le sexe soit un des moteurs comiques au même titre que la politique. N'est-ce pas pour cette raison que Nicole Loraux considère *Lysistrata* comme la plus aristophanesque des comédies [47] ?

Et le politique est aussi l'affaire des femmes, raison pour laquelle toute la pièce se déroule devant les portes de l'Acropole – une autre nouveauté aristophanesque – que les femmes occupent [48]. Sanctuaire d'Athéna, dépôt des biens de l'État, l'Acropole est le noyau de la cité, la *polis* par excellence, l'endroit où les Athéniens se reconnaissent comme tels. Le choix de ce lieu vénérable [49] comme toile de fond de l'action dramatique n'est pas un hasard. Les femmes ne sont pas étrangères à l'Acropole : elles s'y rendent pour des initiations ou des sacrifices en tant que filles, épouses et mères des citoyens. Si, par leur rôle religieux, elles qui sont nourries et éduquées par la cité, elles contribuent à son bonheur et à son maintien, pourquoi seraient-elles, ces vraies « Athéniennes », écartées des affaires de la cité ? De plus, pour les femmes, l'Acropole n'est rien d'autre qu'un foyer commun, l'*oikos* de la Polias [50]. En l'occupant, elles ne commettent donc pas un acte impie, comme le suggèrent les hommes. Tout naturellement, les femmes transfèrent leur savoir-faire de leur propre *oikos* à celui de la déesse, qu'elles administreront comme de bonnes intendantes qu'elles sont. La cité manque d'hommes pour la diriger ? Qu'à cela ne tienne. Si la

47. Cf. Nicole Loraux, « L'Acropole comique », art. cit., p. 157.
48. Dans son Introduction à *Lysistrata*, Rogers emprunte les propos de Ch. Wordsworth pour qui « la *Lysistrata* d'Aristophane est, dans plusieurs de ses scènes, le meilleur guide topographique de l'Acropole » (in *Athens and Attica,* Londres, 1837, p. 111), p. xviii. Voir aussi C. T. Murphy, « Aristophanes, Athens and Attica », *Classical Journal [CJ]*, 59, 1964, p. 69-113.
49. Cf. surtout v. 483, 775.
50. Cf. v. 241, 345.

politique est cuisine, tissage, ruse, les femmes sont le mieux placées pour l'exercer. En outre, n'est-ce pas elles qui donnent à la cité les citoyens qui la défendront, qui la dirigeront ?

Avec *Lysistrata*, Aristophane ouvre un nouveau filon comique qu'il développera dans les *Thesmophories* et surtout dans l'*Assemblée des Femmes*. Il donne la parole aux femmes, non pas parce qu'il est un féministe avant l'heure, mais pour montrer que les hommes, les responsables du destin de la cité, ne semblent plus en mesure d'assurer son salut. C'est ce que confirme l'opposition entre les chœurs masculin et féminin. En effet, les hommes, pour libérer l'Acropole, sont prêts à la brûler et à anéantir les femmes qui l'occupent. Or, en agissant de la sorte, ils sont plus impies que les Perses lors des guerres Médiques : à l'impiété ils ajouteront le meurtre. Si, pour régler une question interne, ils s'y prennent si mal, quel genre de politique vont-ils mener à l'extérieur ? N'est-ce pas là une façon de dire qu'ils ont perdu le contrôle de l'État ? De plus, s'ils ne sont pas capables de s'entendre avec leurs propres femmes, comment pourront-ils s'entendre avec les Spartiates et les autres Grecs? On pourrait se contenter de dire qu'Aristophane critique ici les vieillards conservateurs et leur vision politique bornée. Il n'en est rien. Dans *Lysistrata*, les personnages masculins sont tous des faibles, des caricatures de la virilité, et la vieillesse est le moindre de leurs maux. Il n'est donc pas étonnant que les femmes proposent au *proboulos* [51]* leur attributs, le voile et la laine qu'il filera, tandis qu'elles s'occuperont de la politique et de la guerre. « La guerre sera l'affaire

51. Magistrat athénien, traduit dans le texte par "commissaire" du peuple. En 413, après l'échec de Sicile, les Athéniens ont choisi dix citoyens âgés et sages pour prendre des mesures urgentes en vue du salut de la cité. Cf. Thucydide, VIII, 1,3; Aristote, *Constitution d'Athènes*, XXIX,2; *Lysistrata*, 387-610 et particulièrement 420 sq.

des femmes », c'est leur cri de victoire [52]. Or, transformer les citoyens en femmes revient à dire qu'ils sont morts, car, pour un Athénien, le silence politique est égal à la mort ; et, dans ce sens, la tirade du *proboulos* est exemplaire : « Me taire pour toi, maudite ? pour toi qui portes un voile sur la tête ? Plutôt cesser de vivre [53] ». Vivants ou morts, les hommes affirment leur incapacité à prendre des mesures utiles pour le salut de la cité. Le *proboulos*, appelé à redresser la cité, responsable de son salut, n'avoue-t-il pas son impuissance : « Comment donc serez-vous capables d'apaiser tant de désordre dans le pays et d'y mettre fin [54] ? » Grâce à leur pratique du tissage, les femmes démêleront les affaires de l'État et feront briller la cité en la poussant vers le chemin de la paix [55]. Pour les femmes il n'est pas question d'instituer une gynécocratie — l'horreur absolue aux yeux des mâles. Ces Lemniennes ou Amazones [56] de pacotille occuperont l'espace politique seulement le temps de faire découvrir à leurs maris que la guerre est dévastatrice pour la vie de famille et donc pour la cité, la guerre qui interdit les mariages et les naissances légitimes, la fertilité. Poussé à l'absurde, ce raisonnement montre que, si la guerre continue, Athènes risque de manquer d'hommes au combat, tribut que seules les femmes peuvent lui payer.

Plusieurs chercheurs [57] ont montré l'absurdité du

52. Cf. v. 538.
53. Cf. v 530-531
54. Cf. v. 565-566. Il faut remarquer qu'Aristophane joue ici sur le verbe *luein*, car « mettre fin » se dit en grec *dialuein*.
55. Cf. v. 576-586.
56. R. Martin montre dans « Fire on the Mountain : Lysistrata and the Lemnian Women », *Classical Antiquity [CA]*, 6 (11), 1987, p. 17-105, que la légende des Lemniennes meurtrières de leurs époux est en quelque sorte le « sub-texte » de *Lysistrata*. De même, les Amazones, servent de paradigme à Aristophane pour la construction de son intrigue.
57. Cf. C.H. Whitmann, *op. cit.*, p. 202; J. Vaoi, « The Manipulation of

plan de Lysistrata, fondé sur la grève du sexe. À quoi bon déclarer la grève du sexe si de toute façon leurs maris sont absents ? En effet, leurs époux sont depuis longtemps à la guerre. Mais leurs malheurs ne s'arrêtent pas là, et Lysistrata l'affirme : « Des galants, il n'en reste pas non plus, pas l'ombre d'un. Car depuis que nous avons été trahis par les Milésiens, je n'ai même pas vu un olisbos long de huit doigts qui eût pu nous soulager avec son cuir [58]. » Les femmes grecques, habituellement considérées comme mal aimées, comme de simple reproductrices, soulignent ici leur goût et leur besoin d'amour. Seule la comédie pouvait exprimer les revendications de celles dont la parure est le silence [59]. Ceux qui ne voient que l'absurdité dans le plan, voire dans la conception de l'intrigue même de *Lysistrata*, ignorent l'essence de la création comique. Pour construire ses trames, Aristophane ne se soucie pas de la logique, l'absurde étant le fondement de toute idée comique, donc du mode de fonctionnement des protagonistes et des autres personnages de la comédie ancienne. C'est d'ailleurs parce qu'elles sont habituées à la privation sexuelle que les femmes trouvent la force de résister à leurs époux. La grève du sexe, qui est l'abstinence poussée à ses dernières conséquences, se transformera très vite en guerre des sexes : ce sera, sur la scène comique, la prise de l'Acropole réussie par les femmes et le siège que les hommes leur infligent. Dans *Lysistrata,* Aristophane se

theme and action in Aristophanes' *Lysistrata* », *Greek, Roman and Byzantine Studies [GRBS]*, 14, 1973, p. 369-380, D. Konstan, « Aristophanes' *Lysistrata* : women and the body politic », in *Tragedy, Comedy and the Polis, Papers from the Greek Drama Conference*, Nottingham, 18-20 juillet 1990, Bari, 1993, p. 431-443 : « Lysistrata », in *Greek Comedy and Ideology*, New York, Oxford, Oxford University Press, 1995, p. 45-60.

58. Cf. *Lysistrata*, v. 107-110.

59. Cf. Sophocle, *Ajax*, v. 293 *(gunaixi kosmon hê sigê pherei)* et les mots de Périclès transmis par Thucydide en II, 45, 2.

sert donc de l'opposition des sexes, symboles, l'un de la guerre – les hommes –, l'autre de la paix – les femmes – en la bousculant, en l'inversant. Pour arriver à leurs fins, ces Aphrodites de glace et de feu doivent prendre les armes, celles des hommes, leur imposer une défaite dans leur propre camp tout en faisant valoir la séduction qui, dans le paradigme mythique, leur confère la victoire totale : « Ainsi Ménélas, ayant reluqué les seins nus d'Hélène, lâcha, je crois, son épée. [60] » Sur la scène, Aristophane recrée donc une guerre intestine, à l'image des disputes qui déchirent les Athéniens, et surtout de la guerre que se livrent les cités grecques sous l'égide d'Athènes et de Sparte. Cela explique l'insistance d'Aristophane sur le salut de la cité, sur le salut de l'Hellade [61].

L'interprétation obvie de cette comédie, soutenue notamment par H. Van Daele, T. Gelzer, G. Murray, M. Dillon, est que Lysistrata est une pièce pacifiste; ainsi, selon Van Daele « Lysistrata marque un dernier effort d'Aristophane pour mettre fin à la guerre entre Athéniens et Lacédémoniens [62] ». Cette interprétation a été écartée récemment : H.D. Westlake [63], tout en considérant que cette pièce tourne autour de la paix, montre qu'Aristophane savait qu'en 412-411 Athéniens et

60. Cf. *Lysistrata*, v. 155-156.

61. Cf. v. 30; v. 41; v. 46; v. 497; v. 498; v. 499 ; v. 501; v. 525; v. 1144.

62. Cf. H. Van Daele, *Introduction à Aristophane*, t. III, Paris, 1967, p. 110; voir aussi, entre autres, G. Murray, « The last effort for peace », in *Aristophanes*, Oxford, 1933; W.M. Hugill, *Panhellenism in Aristophanes*, Chicago, 1936, p. 21-27; T. Gelzer, *R.E.*, Suppl. 12, 1970, p. 1481-1482; G. Paduano, *op. cit.*, p. 8; M. Dillon, « The Lysistrata as a Post-Deceleian Peace Play » , *TAPhA*, 117, 1987, p. 97-104.

63. H.D. Westlake, « The *Lysistrata* and the war », *Phoenix*, 34, 1980, p. 38-54; voir aussi H.-J. Newiger, « War and Peace in the comedy of Aristophanes », *Yale Classical Studies [YCS]*, 26, 1980, p. 219-237, particulièrement p. 232-234.

Spartiates étaient loin de vouloir traiter [64]. Sur ce point, Westlake a raison, mais cela ne prouve rien quant aux intentions d'Aristophane. J. Henderson [65], plus nuancé, montre bien que, dans *Lysistrata*, les chœurs présentent deux thèses opposées : si les hommes défendent la poursuite des opérations militaires [66], les femmes, elles, veulent la paix [67]. Et c'est le point de vue des femmes qui prime, elles à qui le poète confère l'honneur dans la parabase [68].

Il est néanmoins certain que, dans le climat régnant à Athènes, voire en Grèce en 412-411, Aristophane ne pouvait pas proposer une pièce où l'on chantait les avantages de la paix comme il l'avait fait en 425 dans les *Acharniens* ou en 421 avec la *Paix* [69] : à cette époque, Athéniens et Spartiates voulaient mettre fin au conflit qui les opposait. Dans ces pièces, les personnages souhaitent vivement la paix, se battent pour l'obtenir, tandis que, dans *Lysistrata*, seules les femmes s'en soucient. Diallagé, la Réconciliation de Lysistrata, évoque, puisqu'elle porte le même nom, la messagère de la paix des *Acharniens* et Opora de la *Paix*. Mais elle en est bien différente. Dans les *Acharniens*, la paix était un bien indivisible et porteur de joies, surtout pour les paysans de l'Attique (représenté par Dicéopolis, le héros comique).

64. Cf. Thucydide, VIII, 53, 1-54, 2. Et même après l'échec des négociations Athènes n'était pas prête à faire la paix (cf. Thucydide, VIII, 63,4). Quant à l'attitude de Sparte, cf. *ibid.*, VII, 18, 2-3 et VIII, 2, 3-4.

65. Cf. J. Henderson, *Aristophanes'Lysistrata*, Oxford, 1987, p. xviii-xix.

66. *Lysistrata*, v. 168-176; 496-497.

67. *Ibid.*, v. 29-35; 523-526.

68. Contrairement à K.J.Dover, *Aristophanic Comedy*, p. 51 et 151, je considère, suivant J. Henderson, *op. cit.*, 1987, que *Lysistrata* possède une parabase (v. 614-705).

69. Pour un rapprochement entre ces comédies et *Lysistrata*, voir M. Dillon, « The *Lysistrata* as a Post-Deceleian Peace Play », *TAPhA*, 117, 1987, p. 97-104.

Dans la *Paix*, c'était le bien commun de tous les Grecs. Dans *Lysistrata*, Réconciliation, Diallagé n'est qu'un pis-aller. Athéniens et Spartiates, à l'image de Ménélas, se partagent cette nouvelle Hélène, comme s'il s'agissait d'une victime sacrificielle. D'ailleurs ce partage n'est pas tout à fait équitable (les Athéniens gardant le meilleur morceau) et se fait trop rapidement. En s'emparant de Diallagé, Athéniens et Spartiates assouvissent plus leurs besoins sexuels que leur réel désir de paix. Doux triomphe des femmes, triomphe inconsistant aussi, puisque les hommes réagissent plus avec leurs sens qu'avec leur tête.

Royaume de la subversion, du monde à l'envers, de l'utopie, *Lysistrata* est une comédie percutante où ce qui se discute avant tout, c'est le rôle et la responsabilité du citoyen face à l'État. Le poète voit la guerre du Péloponnèse comme un conflit entre frères; il est donc naturel que le panhellénisme, l'union des Grecs, soit aussi à l'honneur. Dans ce miroir déformé qu'est la comédie, pour mieux les appeler à la raison, les femmes occupent la place que les hommes ont désertée. Elles seules, étrangères à la politique, peuvent proposer la paix pour que les citoyens comprennent le ridicule de leur situation et puissent en rire. Et les citoyens rient de celles qui, pour obtenir une victoire sur les hommes de toute la Grèce, utilisent leurs attributs de femmes, ou du moins ce que les hommes ont l'habitude de leur accorder : beauté, ruse, séduction, amour du sexe. Ils rient aussi de voir renvoyées à leurs fourneaux celles qui les ont éloignés de l'amour, celles qui les ont éloignés de la cité. Désormais elles revêtiront le silence et le voile, tandis qu'ils réinvestiront l'espace politique qui leur revient de droit.

Lysistrata ne changera pas la politique de la cité ni son destin : Athènes continuera de faire la guerre contre Sparte et sera déchirée par la révolution oligarchique.

Pour les Athéniens et pour l'Hellade, le salut n'était pas à portée de la main. Mais peut-on affirmer que cette pièce n'a pas eu le moindre impact sur les citoyens, qu'elle ne les a pas « rendu meilleurs », comme le voulait Aristophane ? Qui sait si, faute de salut, la sagesse dont ils avaient besoin en février 411 n'était pas ce rire libérateur qui secouait le théâtre de Dionysos, l'Acropole, quand les femmes quittaient leurs foyers pour accomplir le plus athénien des « mystères » en mimant Athéna et en s'érigeant à sa place en protectrices d'Athènes, en nourrices des citoyens ?

Le rire est la force créatrice qui réveille la conscience de soi et de l'autre. S'il ne peut pas changer le monde, il incite du moins à la réflexion et à l'action. En ce sens, *Lysistrata* est un magnifique appel à la vie, à l'action, à la vraie pratique du politique.

LYSISTRATA

ΤΑ ΤΟΥ ΔΡΑΜΑΤΟΣ ΠΡΟΣΩΠΑ·

ΛΥΣΙΣΤΡΑΤΗ
ΚΛΕΟΝΙΚΗ
ΜΥΡΡΙΝΗ
ΛΑΜΠΙΤΩ
ΧΟΡΟΣ ΓΕΡΟΝΤΩΝ
ΧΟΡΟΣ ΓΥΝΑΙΚΩΝ
ΠΡΟΒΟΥΛΟΣ
ΓΥΝΑΙΚΕΣ ΤΙΝΕΣ
ΚΙΝΗΣΙΑΣ
ΠΑΙΔΙΟΝ ΚΙΝΗΣΙΟΥ
ΚΗΡΥΞ ΛΑΚΕΔΑΙΜΟΝΙΩΝ
ΠΡΥΤΑΝΙΣ
ΛΑΚΩΝ
ΑΘΗΝΑΙΟΣ

PERSONNAGES

Lysistrata
Cléonice
Myrrhine
Lampito

Chœur des Vieillards
Chœur des Femmes
Commissaire du peuple

Quelques Femmes
Cinésias
L'Enfant de Cinésias
Un Héraut de Lacédémonie
Un Prytane
Un Laconien
Un Athénien

ΛΥΣΙΣΤΡΑΤΗ

ΛΥΣΙΣΤΡΑΤΗ

'Αλλ' εἴ τις εἰς Βακχεῖον αὐτὰς ἐκάλεσεν,
ἢ 'ς Πανὸς ἢ 'πὶ Κωλιάδ' εἰς Γενετυλλίδος,
οὐδ' ἂν διελθεῖν ἦν ἂν ὑπὸ τῶν τυμπάνων.
Νῦν δ' οὐδεμία πάρεστιν ἐνταυθοῖ γυνή·
πλὴν ἥ γ' ἐμὴ κωμῆτις ἥδ' ἐξέρχεται. 5
Χαῖρ', ὦ Κλεονίκη.

ΚΛΕΟΝΙΚΗ

Καὶ σύ γ', ὦ Λυσιστράτη.
Τί συντετάραξαι; Μὴ σκυθρώπαζ', ὦ τέκνον·
οὐ γὰρ πρέπει σοι τοξοποιεῖν τὰς ὀφρῦς.

ΛΥ. 'Αλλ', ὦ Κλεονίκη, κάομαι τὴν καρδίαν,
καὶ πόλλ' ὑπὲρ ἡμῶν τῶν γυναικῶν ἄχθομαι, 10
ὁτιὴ παρὰ μὲν τοῖς ἀνδράσιν νενομίσμεθα
εἶναι πανοῦργοι —

ΚΛ. Καὶ γάρ ἐσμεν νὴ Δία.

ΛΥ. εἰρημένον δ' αὐταῖς ἁπαντᾶν ἐνθάδε
βουλευσομέναισιν οὐ περὶ φαύλου πράγματος,
εὕδουσι κοὐχ ἥκουσιν.

ΚΛ. 'Αλλ', ὦ φιλτάτη, 15
ἥξουσι· χαλεπή τοι γυναικῶν ἔξοδος.
Ἡ μὲν γὰρ ἡμῶν περὶ τὸν ἄνδρ' ἐκύπτασεν,
ἡ δ' οἰκέτην ἤγειρεν, ἡ δὲ παιδίον
κατέκλινεν, ἡ δ' ἔλουσεν, ἡ δ' ἐψώμισεν.

1. Divinité féminine honorée sur le cap Colias, près de Phalère, ancien port d'Athènes (cf. Pausanias, I, 1, 5) où se trouvait un grand temple d'Aphrodite. Génétyllis, dont le nom évoque le sexe (masculin et féminin), était associée à Aphrodite. Présidant à la génération ou à la naissance, elle est très proche des femmes et des rituels de fécondité.

LYSISTRATA

Au premier plan, la maison de Lysistrata d'un côté ; de l'autre, celle de Cléonice. Au fond, on aperçoit les Propylées : un étroit raidillon (v. 288) y conduit depuis l'Orchestra. Au milieu des rochers, au second plan, s'ouvre la grotte de Pan (v. 911). C'est le matin. Lysistrata fait les cent pas devant la maison.

LYSISTRATA. — Ah ! si on les avait invitées à une fête de Bacchos*, ou au sanctuaire de Pan*, ou à la pointe Colias, chez la déesse Génétyllis [1], il n'y aurait même pas eu moyen de passer à cause de leurs tambourins [2] Tandis que maintenant pas une femme n'est présente ici *(Apercevant Cléonice qui vient.)* Ah ! si, en voici une de mon quartier qui sort de chez elle. Bonjour, Cléonice.

CLÉONICE. — Et toi, bonjour, Lysistrata. Pourquoi es-tu toute troublée ? Quitte cet air de Scythe [3], mon enfant. Cela ne te va point de faire l'arc avec tes sourcils.

LYSISTRATA. — Ah ! Cléonice, le cœur me brûle, et je suis très vexée, pour nous autres femmes, de ce que chez les hommes, il est vrai, nous passons pour être des malignes...

CLÉONICE. — Et en effet, nous le sommes, par Zeus.

LYSISTRATA. — ... et quand on leur dit de se rencontrer ici pour délibérer sur une affaire non sans importance, elles dorment et ne viennent point.

CLÉONICE. — Mais, ma bien chère, elles viendront. Il est difficile, tu sais, aux femmes de sortir. L'une a dû être occupée avec son mari, l'autre éveiller un esclave, une

2. Instrument de musique utilisé lors des cultes à caractère orgiastique en l'honneur de Dionysos, de Sabazios et de la Grande Mère.

3. À Athènes, les esclaves venant de Scythie étaient utilisés comme archers et faisaient la police à l'Acropole ou à la Pnyx lors des assemblées du peuple. Lysistrata fronce les sourcils, ce qui la rend semblable à un arc et lui donne un air peu accomodant.

ΛΥ. Ἀλλ' ἕτερα τἄρ' ἦν τῶνδε προὐργιαίτερα 20
αὐταῖς.

ΚΛ. Τί δ' ἐστίν, ὦ φίλη Λυσιστράτη,
ἐφ' ὅ τι ποθ' ἡμᾶς τὰς γυναῖκας ξυγκαλεῖς;
Τί τὸ πρᾶγμα; Πηλίκον τι;

ΛΥ. Μέγα.

ΚΛ. Μῶν καὶ παχύ;

ΛΥ. Νὴ Δία παχὺ ⟨πάνυ⟩.

ΚΛ. Κᾆτα πῶς οὐχ ἥκομεν;

ΛΥ. Οὐχ οὗτος ὁ τρόπος· ταχὺ γὰρ ἂν ξυνήλθομεν. 25
Ἀλλ' ἔστιν ὑπ' ἐμοῦ πρᾶγμ' ἀνεζητημένον
πολλαῖσί τ' ἀγρυπνίαισιν ἐρριπτασμένον.

ΚΛ. Ἦ πού τι λεπτόν ἐστι τοὐρριπτασμένον;

ΛΥ. Οὕτω γε λεπτὸν ὥσθ' ὅλης τῆς Ἑλλάδος
ἐν ταῖς γυναιξίν ἐστιν ἡ σωτηρία. 30

ΚΛ. Ἐν ταῖς γυναιξίν; Ἐπ' ὀλίγου τἄρ' εἴχετο.

ΛΥ. Ὡς ἔστ' ἐν ἡμῖν τῆς πόλεως τὰ πράγματα,
ἢ μηκέτ' εἶναι μήτε Πελοποννησίους —

ΚΛ. Βέλτιστα τοίνυν μηκέτ' εἶναι νὴ Δία.

ΛΥ. Βοιωτίους τε πάντας ἐξολωλέναι. 35

ΚΛ. Μὴ δῆτα πάντας γ', ἀλλ' ἄφελε τὰς ἐγχέλεις.

ΛΥ. Περὶ τῶν Ἀθηνῶν δ' οὐκ ἐπιγλωττήσομαι
τοιοῦτον οὐδέν, ἀλλ' ὑπονόησον σύ μοι.
Ἢν δὲ ξυνέλθωσ' αἱ γυναῖκες ἐνθάδε,
αἵ τ' ἐκ Βοιωτῶν αἵ τε Πελοποννησίων 40
ἡμεῖς τε, κοινῇ σώσομεν τὴν Ἑλλάδα.

4. Lysistrata évoque une "affaire importante" et Cléonice, en entendant le mot "grosse", pense immédiatement au membre viril.
5. À Athènes, les femmes de citoyens ne peuvent prendre part aux affaires politiques, prérogative exclusivement masculine.
6. Les Athéniens étaient amateurs d'anguilles, tout particulièrement de celles du lac Copaïs, en Béotie.

autre coucher son bébé, celle-ci le laver, celle-là lui donner la pâtée.

LYSISTRATA. — Mais il y avait pour elles d'autres soins plus urgents.

CLÉONICE. — Qu'est-ce donc, ma chère Lysistrata, qui te fait nous convoquer, nous, les femmes ? Quelle est cette affaire ? De quelle importance ?

LYSISTRATA. — Grande.

CLÉONICE. — Et grosse aussi ?

LYSISTRATA. — Et grosse tout à fait, par Zeus.

CLÉONICE. — Et alors, comment ne sommes-nous pas là [4] ?

LYSISTRATA. — Pas ce genre-là ! Car nous aurions vite fait de nous réunir. Mais il est une affaire étudiée par moi, et ressassée par bien des insomnies.

CLÉONICE. — Elle est un peu fine sans doute, l'affaire ressassée ?

LYSISTRATA. — Tellement fine que le salut de l'Hellade entière dépend des femmes.

CLÉONICE. — Des femmes ? Faible support en ce cas.

LYSISTRATA. — Songe que les affaires de l'État sont en nos mains [5]. Ou bien il n'y aura plus ni Péloponnésiens...

CLÉONICE. — Excellente chose alors qu'il n'y en ait plus, par Zeus !

LYSISTRATA. — ... et les Béotiens seront tous détruits...

CLÉONICE. — Oh ! non, non ! pas tous ! non ! Excepté les anguilles [6].

LYSISTRATA. — Au sujet d'Athènes, ma langue ne proférera rien de pareil [7] ; mais conjecture toi-même, je te prie. Or, si les femmes se réunissent ici, celles de la Béotie, celles du Péloponnèse et nous-mêmes, ensemble nous sauverons l'Hellade.

7. Le discours de Lysistrata vise le salut et non pas la destruction d'Athènes ; Aristophane en profite pour montrer qu'il ne s'attaque pas à Athènes et à sa façon de conduire la guerre contre Sparte.

ΚΛ. Τί δ' ἂν γυναῖκες φρόνιμον ἐργασαίατο
ἢ λαμπρόν, αἳ καθήμεθ' ἐξηνθισμέναι,
κροκωτοφοροῦσαι καὶ κεκαλλωπισμέναι
καὶ Κιμβερίκ' ὀρθοστάδια καὶ περιβαρίδας; 45

ΛΥ. Ταῦτ' αὐτὰ γάρ τοι κἄσθ' ἃ σώσειν προσδοκῶ,
τὰ κροκωτίδια καὶ τὰ μύρα χαὶ περιβαρίδες
χἤγχουσα καὶ τὰ διαφανῆ χιτώνια.

ΚΛ. Τίνα δὴ τρόπον ποθ';

ΛΥ. Ὥστε τῶν νῦν μηδένας
ἀνδρῶν ἐπ' ἀλλήλοισιν αἴρεσθαι δόρυ — 50

ΚΛ. Κροκωτὸν ἄρα νὴ τὼ θεὼ 'γὼ βάψομαι.

ΛΥ. μηδ' ἀσπίδα λαβεῖν —

ΚΛ. Κιμβερικὸν ἐνδύσομαι.

ΛΥ. μηδὲ ξιφίδιον.

ΚΛ. Κτήσομαι περιβαρίδας.

ΛΥ. Ἆρ' οὐ παρεῖναι τὰς γυναῖκας δῆτ' ἐχρῆν;

ΚΛ. Οὐ γὰρ μὰ Δί' ἀλλὰ πετομένας ἥκειν πάλαι. 55

ΛΥ. Ἀλλ', ὦ μέλ', ὄψει τοι σφόδρ' αὐτὰς Ἀττικάς,
ἅπαντα δρώσας τοῦ δέοντος ὕστερον.
Ἀλλ' οὐδὲ Παράλων οὐδεμία γυνὴ πάρα,
οὐδ' ἐκ Σαλαμῖνος.

ΚΛ. Ἀλλ' ἐκεῖναί γ' οἶδ' ὅτι
ἐπὶ τῶν κελήτων διαβεβήκασ' ὄρθριαι. 60

ΛΥ. Οὐδ' ἃς προσεδόκων κἀλογιζόμην ἐγὼ
πρώτας παρέσεσθαι δεῦρο τὰς Ἀχαρνέων

8. À Athènes : Déméter et sa fille Koré, honorées lors des mystères d'Éleusis* et des Thesmophories*. Juron féminin.
9. Si, au début de la guerre, les Athéniens prenaient des décisions trop hâtives, à partir de 415, ils temporisent, d'où certains désastres en politique internationale (cf. Thucydide, VII, 48 ; VIII, 17,3; 35, 3-4; 44, 3).
10. La Paralia est la région côtière de l'Attique; Salamine, l'île qui lui fait face. Les citoyens de cette région n'étaient pas en mesure d'être les premiers lors des réunions des assemblées qui commençaient au point du jour, vu la distance à parcourir pour s'y rendre.

CLÉONICE. — Et que veux-tu que des femmes fassent de sensé ou d'éclatant, quand nous vivons assises avec notre fard, nos tuniques safranées* sur le dos, bien attifées avec des cimbériques* tombant droit et des péribarides* ?

LYSISTRATA. — C'est précisément là ce qui nous sauvera, j'espère, les petites tuniques safranées, les essences, les péribarides, l'orcanette*, les chemisettes transparentes.

CLÉONICE. — De quelle manière enfin ?

LYSISTRATA. — De manière qu'aujourd'hui on ne verra plus de gens porter la lance les uns contre les autres...

CLÉONICE. — En ce cas, par les deux déesses [8], je me fais teindre une crocote*.

LYSISTRATA. — ... ni prendre le bouclier...

CLÉONICE. — Je vais mettre une cimbérique.

LYSISTRATA. — ... ni la dague.

CLÉONICE. — J'achèterai des péribarides.

LYSISTRATA. — Eh bien ! les femmes ne devraient-elles pas arriver ?

CLÉONICE. — Bien mieux, par Zeus ; elles auraient dû voler ici depuis longtemps.

LYSISTRATA. — Mais, ma pauvre, tu les verras, en vraies Attiques [9], faire tout trop tard. Même de la côte, pas une n'est présente, ni de Salamine [10].

CLÉONICE. — Celles-là pourtant, je sais qu'elles ont enjambé leur... bateau dès l'aube [11].

LYSISTRATA. — Celles mêmes que j'attendais et que je comptais voir les premières arriver ici, les femmes d'Acharnes [12] ne sont pas venues.

11. Expression à double sens (*diabainein* : " faire une traversée" et "écarter les jambes" ; *kelès* :" bateau léger et rapide" et "cheval de selle" ; allusion à la position où la femme chevauche l'homme.)

12. Le dème d'Acharnes, situé au pied du mont Parnès, au nord d'Athènes, avait beaucoup souffert lors des invasions de l'Attique par les Péloponnésiens, dès le début de la guerre.

γυναῖκας, οὐχ ἥκουσιν.

ΚΛ. Ἡ γοῦν Θεογένους

ὡς δεῦρ' ἰοῦσα τἀκάτειον ᾔρετο.

Ἀτὰρ αἵδε καὶ δή σοι προσέρχονταί τινες. 65

ΛΥ. Αἵδ' αὖθ' ἕτεραι χωροῦσί τινες.

ΚΛ. Ἰοὺ ἰού,

πόθεν εἰσίν;

ΛΥ. Ἀναγυρουντόθεν.

ΚΛ. Νὴ τὸν Δία·

ὁ γοῦν Ἀνάγυρός μοι κεκινῆσθαι δοκεῖ.

ΜΥΡΡΙΝΗ

Μῶν ὕστεραι πάρεσμεν, ὦ Λυσιστράτη;

Τί φῄς; Τί σιγᾷς;

ΛΥ. Οὔ σ' ἐπαινῶ, Μυρρίνη, 70

ἥκουσαν ἄρτι περὶ τοιούτου πράγματος.

ΜΥ. Μόλις γὰρ ηὗρον ἐν σκότῳ τὸ ζώνιον.

Ἀλλ' εἴ τι πάνυ δεῖ, ταῖς παρούσαισιν λέγε.

ΚΛ. Μὰ Δί' ἀλλ' ἐπαναμείνωμεν ὀλίγου γ' εἵνεκα

τάς τ' ἐκ Βοιωτῶν τάς τε Πελοποννησίων 75

γυναῖκας ἐλθεῖν.

ΛΥ. Πολὺ σὺ κάλλιον λέγεις.

Ἡδὶ δὲ καὶ δὴ Λαμπιτὼ προσέρχεται.

Ὦ φιλτάτη Λάκαινα, χαῖρε, Λαμπιτοῖ.

Οἷον τὸ κάλλος, γλυκυτάτη, σου φαίνεται.

Ὡς δ' εὐχροεῖς, ὡς δὲ σφριγᾷ τὸ σῶμά σου. 80

Κἂν ταῦρον ἄγχοις.

13. Citoyen du dème d'Acharnes, connu pour sa vantardise ; il était associé par Aristophane aux partisans de la guerre (cf. *Oiseaux)*.

14. Jeu de mots sur *akateion*, "petite voile" et "coupe allongée en forme de nacelle", et sur *iousa to akateion*, "hissant la voile auxiliaire" et "levant la coupe".

15. Dème de l'Attique entre le mont Hymète et la mer. Là, dans un marais du même nom, une plante exhalait une odeur fétide.

CLÉONICE. — Toujours est-il que la femme de Théogénès [13], pour venir ici *(Faisant le geste de lever un broc de vin pour y boire)*, a hissé le… foc [14]. Mais regarde, en voici qui approchent.

LYSISTRATA. — Et en voici d'autres encore qui s'avancent.

CLÉONICE. — *(Se bouchant le nez.)* Pouah ! pouah ! d'où sont-elles ?

LYSISTRATA. — D'Anagyros[15].

CLÉONICE. — Oui, par Zeus. On peut le dire. Anagyros me paraît… tout remué.

Myrrhine s'avance avec d'autres femmes.

MYRRHINE. — Serait-ce que nous arrivons trop tard, Lysistrata ? Que dis-tu ? Pourquoi ce silence ?

LYSISTRATA. — Je ne te loue pas, Myrrhine, d'arriver seulement, pour une affaire de cette importance.

MYRRHINE. — C'est que j'ai eu de la peine, dans l'obscurité, à trouver ma petite ceinture. Mais s'il y a quelque urgence, nous voici, parle.

CLÉONICE. — Non, par Zeus ; attendons encore, puisqu'il ne s'agit que de peu de temps, que les femmes de Béotie et du Péloponnèse soient venues.

LYSISTRATA. — Ah ! toi, tu parles bien mieux. *(Entre la Lacédémonienne Lampito avec deux jeunes filles, une Béotienne et une Corinthienne.)* Voici d'ailleurs Lampito qui s'avance. — Ah ! bien chère Laconienne, salut, Lampito. Comme ta beauté, ma toute douce, est resplendissante ! Quelle belle carnation ! Quel corps vigoureux tu as ! Tu étranglerais un taureau.

LAMPITO. — Ma foi ! oui, par les Dioscures. Je m'exerce au gymnase et me donne du talon au derrière en sautant [16].

16. Alors qu'à Athènes les femmes vivaient à l'intérieur du gynécée, les jeunes filles spartiates vivaient en plein air et recevaient, comme les garçons, une éducation physique, propre à faire d'elles de bonnes reproductrices. Aristophane fait ici allusion à la danse pratiquée par les garçons et les filles de Sparte, la *bibasis* (cf. Pollux, IV, 102).

ΛΑΜΠΙΤΩ

Μάλα γ', οἰῶ, ναὶ τὼ σιώ·

γυμνάδδομαι γὰρ καὶ ποτὶ πυγὰν ἅλλομαι.

ΚΛ. Ὡς δὴ καλὸν τὸ χρῆμα τῶν τιτθῶν ἔχεις.

ΛΑ. Ἅπερ ἱαρεῖόν τοί μ' ὑποψαλάσσετε.

ΛΥ. Ἡδὶ δὲ ποδαπὴ 'σθ' ἡ νεᾶνις ἀτέρα; 85

ΛΑ. Πρέσβειρά τοι ναὶ τὼ σιὼ Βοιωτία

ἵκει ποθ' ὑμέ.

ΛΥ. Νὴ Δί' ὡς Βοιωτία

καλόν γ' ἔχουσα τὸ πεδίον.

ΚΛ. Καὶ νὴ Δία

κομψότατα τὴν βληχώ γε παρατετιλμένη.

ΛΥ. Τίς δ' ἀτέρα παῖς;

ΛΑ. Χαΐα ναὶ τὼ σιώ, 90

Κορινθία δ' αὖ.

ΚΛ. Χαΐα νὴ τὸν Δία

δήλη 'στὶν οὖσα ταυταγὶ τἀντευθενί.

ΛΑ. Τίς δ' αὖ συναλίαξε τόνδε τὸν στόλον

τὸν τᾶν γυναικῶν;

ΛΥ. Ἥδ' ἐγώ.

ΛΑ. Μύσιδδέ τοι

ὅ τι λῇς ποθ' ἁμέ.

ΚΛ. Νὴ Δί', ὦ φίλη γύναι, 95

λέγε δῆτα τὸ σπουδαῖον ὅ τι τοῦτ' ἐστί σοι.

ΛΥ. Λέγοιμ' ἂν ἤδη. Πρὶν λέγειν ⟨δ'⟩, ὑμᾶς τοδὶ

ἐπερήσομαί, τι μικρόν.

ΚΛ. Ὅ τι βούλει γε σύ.

17. Pour les sacrifices, on choisissait des victimes sans tache, bien grasses, en les tâtant ou en les soupesant, cf. *Cavaliers*, 1139 ; *Grenouilles*, 798.

18. La Béotie était réputée pour ses plaines fertiles, cf. *Acharniens*, 861-864; *Paix*, 1003 ss. Aristophane utilise le mot *pedion*, "plaine", pour pubis, cf. *Oiseaux*, 506 ss.

CLÉONICE. — Ah ! la belle chose d'avoir des tétons comme les tiens !

LAMPITO. — Vous me palpez, savez-vous, comme une victime [17].

LYSISTRATA. — Et d'où est-elle, cette autre jeune femme ?

LAMPITO. — Une personne de qualité, vois-tu, par les Dioscures*, une Béotienne, qui vous arrive.

LYSISTRATA. — Par Zeus, une vraie Béotienne ! car elle possède une belle plaine [18].

CLÉONICE. — Oui, par Zeus, et très joliment le pouliot en a été arraché [19].

LYSISTRATA. — Quelle est cette autre enfant ?

LAMPITO. — D'une « ample » [20] famille, parles Dioscures ; mais une Corinthienne, elle.

CLÉONICE. — Ample, oui, par Zeus, elle le paraît bien du côté que voilà.

LAMPITO. — Mais qui donc a convoqué cette assemblée de femmes ?

LYSISTRATA. — Me voici, c'est moi.

LAMPITO. — Alors, raconte-nous ce que tu veux.

CLÉONICE. — Oui, par Zeus, chère femme. Dis-nous enfin cette grave affaire qui t'occupe.

LYSISTRATA. — Je vais la dire. Mais auparavant je vous poserai une question — une toute petite question.

CLÉONICE. — Ce que tu voudras.

19. Plante réputée de la Béotie, la *mentha pulegium* désigne ici la toison pubienne. Les femmes grecques, du moins les femmes d'Athènes, avaient l'habitude de s'épiler soit à la flamme d'une lampe (cf. *Lysistrata*, 827, *Thesmophories*, 238, *Assemblée des Femmes*, 13), soit en s'arrachant les poils, procédé imité par les efféminés, cf. *Grenouilles*, 422-424.

20. *Chaios*, noble, respectable. Par la suite, Cléonice utilise ce mot en jouant sur l'étymologie du verbe *chainein*, "être ouvert, béant", faisant là allusion aux rondeurs généreuses de la croupe de la Corinthienne et probablement à la réputation des Corinthiennes, tenues pour les meilleures courtisanes de l'époque.

ΛΥ. Τοὺς πατέρας οὐ ποθεῖτε τοὺς τῶν παιδίων
ἐπὶ στρατιᾶς ἀπόντας; Εὖ γὰρ οἶδ' ὅτι 100
πάσαισιν ὑμῖν ἐστιν ἀποδημῶν ἀνήρ.

ΚΛ. Ὁ γοῦν ἐμὸς ἀνὴρ πέντε μῆνας, ὦ τάλαν,
ἄπεστιν ἐπὶ Θρᾴκης φυλάττων Εὐκράτη.

ΜΥ. Ὁ δ' ἐμός γε τελέους ἑπτὰ μῆνας ἐν Πύλῳ.

ΛΑ. Ὁ δ' ἐμός γα, καἴ κ' ἐκ τᾶς ταγᾶς ἔλσῃ ποκά, 105
πορπακισάμενος φροῦδος ἀμπτάμενος ἔβα.

ΛΥ. Ἀλλ' οὐδὲ μοιχοῦ καταλέλειπται φεψάλυξ.
Ἐξ οὗ γὰρ ἡμᾶς προὔδοσαν Μιλήσιοι,
οὐκ εἶδον οὐδ' ὄλισβον ὀκτωδάκτυλον,
ὃς ἦν ἂν ἡμῖν σκυτίνη 'πικουρία. 110
Ἐθέλοιτ' ἂν οὖν, εἰ μηχανὴν εὕροιμ' ἐγώ,
μετ' ἐμοῦ καταλῦσαι τὸν πόλεμον;

ΚΛ. Νὴ τὼ θεὼ
ἔγωγέ τἄν, κἂν εἴ με χρείη τοὔγκυκλον
τουτὶ καταθεῖσαν ἐκπιεῖν αὐθημερόν.

ΜΥ. Ἐγὼ δέ γ' ἄν, κἂν ὡσπερεὶ ψῆτταν δοκῶ, 115
δοῦναι ἂν ἐμαυτῆς παρατεμοῦσα θἤμισυ.

ΛΑ. Ἐγὼν δὲ καί κα ποττὸ Ταΰγετον ἄνω
ἔλσοιμ' ὅπα μέλλοιμί γ' εἰράναν ἰδῆν.

ΛΥ. Λέγοιμ' ἄν· οὐ δεῖ γὰρ κεκρύφθαι τὸν λόγον.
Ἡμῖν γάρ, ὦ γυναῖκες, εἴπερ μέλλομεν 120
ἀναγκάσειν τοὺς ἄνδρας εἰρήνην ἄγειν,
ἀφεκτέ' ἐστὶ —

21. Région au nord de l'Égée, dominée en partie par Athènes (depuis la fin des guerres Médiques), qui y exploitait des matières premières comme le bois et les minerais, d'où son importance dans l'économie générale du pays. Eucratès était un stratège athénien qui, en 432-431, avait probablement fait partie de l'expédition en Thrace. Selon Lysias, XVIII, 4, il était soupçonné de vénalité et de trahison et surveillé par ses soldats.

LYSISTRATA. — Ne regrettez-vous pas les pères de vos petits enfants que le service retient loin de vous ? Car je sais bien que toutes vous avez un mari absent.

CLÉONICE. — Pour ce qui est du mien, voilà cinq mois, misère ! qu'il est loin, en Thrace [21], à surveiller Eucratès.

MYRRHINE. — Et le mien est depuis sept mois entiers à Pylos [22].

LAMPITO. — Et le mien, s'il revient quelquefois de son régiment, a vite fait de reprendre le bouclier, de s'envoler et de disparaître.

LYSISTRATA. — Et des galants, il n'en reste pas non plus, pas l'ombre d'un. Car depuis que nous avons été trahis par les Milésiens [23], je n'ai pas seulement vu un olisbos [24] long de huit doigts qui eût pu nous soulager avec son cuir. Consentiriez-vous donc, si je trouvais un expédient, à vous unir à moi pour mettre fin à la guerre ?

CLÉONICE. — Par les deux déesses, moi, en tout cas, j'en suis, quand je devrais mettre en gage l'encycle* que voici et... en boire l'argent le jour même.

MYRRHINE. — Et je consens, moi, quand j'en devrais paraître semblable à une plie, à me couper en long et à donner la moitié de moi-même.

LAMPITO. — Et moi je monterais au sommet du Taygète [25], si je devais y voir la paix.

LYSISTRATA. — Je vais parler, car il ne faut pas que la chose reste secrète. Nous avons, ô femmes, si nous voulons contraindre nos maris à faire la paix, à nous abstenir...

22. Cité de Messénie, au nord de la baie de Navarin, Pylos avait été prise par les Athéniens depuis 425, cf. Thucydide, IV, 2-41. En 410, Sparte la récupérera.

23. Alliés d'Athènes, les Milésiens avaient fait défection l'été précédent, cf. Thucydide, VIII, 17.

24. Phallus en cuir, sorte de godemiché fabriqué à Milet. Voir Hérondas dans *Mimes* VI, "Les amies ou les intimes", 19 et 57-74.

25. Chaîne de montagnes au sud-ouest de Sparte, frontière entre la Laconie et la Messénie.

ΚΛ. Τοῦ ; φράσον.

ΛΥ. Ποήσετ' οὖν ;

ΚΛ. Ποήσομεν, κἂν ἀποθανεῖν ἡμᾶς δέῃ.

ΛΥ. 'Αφεκτέα τοίνυν ἐστὶν ἡμῖν τοῦ πέους.
Τί μοι μεταστρέφεσθε ; Ποῖ βαδίζετε ; 125
Αὗται, τί μοιμυᾶτε κἀνανεύετε ;
Τί χρὼς τέτραπται ; Τί δάκρυον κατείβεται ;
Ποήσετ' ἢ οὐ ποήσετ' ; Ἢ τί μέλλετε ;

ΚΛ. Οὐκ ἂν ποήσαιμ', ἀλλ' ὁ πόλεμος ἑρπέτω.

ΜΥ. Μὰ Δί' οὐδ' ἔγωγ' ἄν, ἀλλ' ὁ πόλεμος ἑρπέτω. 130

ΛΥ. Ταυτὶ σὺ λέγεις, ὦ ψῆττα ; Καὶ μὴν ἄρτι γε
ἔφησθα σαυτῆς κἂν παρατεμεῖν θἤμισυ.

ΚΛ. Ἄλλ', ἄλλ' ὅ τι βούλει. Κἄν με χρῇ, διὰ τοῦ πυρὸς
ἐθέλω βαδίζειν. Τοῦτο μᾶλλον τοῦ πέους·
οὐδὲν γὰρ οἷον, ὦ φίλη Λυσιστράτη. 135

ΛΥ. Τί δαὶ σύ ;

ΜΥ. Κἀγὼ βούλομαι διὰ τοῦ πυρός.

ΛΥ. Ὦ παγκατάπυγον θἠμέτερον ἅπαν γένος.
Οὐκ ἐτὸς ἀφ' ἡμῶν εἰσιν αἱ τραγῳδίαι·
οὐδὲν γάρ ἐσμεν πλὴν Ποσειδῶν καὶ σκάφη.
'Αλλ', ὦ φίλη Λάκαινα, — σὺ γὰρ ἐὰν γένῃ 140
μόνη μετ' ἐμοῦ, τὸ πρᾶγμ' ἀνασωσαίμεσθ' ἔτ' ⟨ἄν⟩, —
ξυμψήφισαί μοι.

ΛΑ. Χαλεπὰ μὲν ναὶ τὼ σιὼ
γυναῖκας ὑπνῶν ἐστ' ἄνευ ψωλᾶς μόνας.
Ὅμως γα μάν· δεῖ τᾶς γὰρ εἰράνας μάλ' αὖ.

26. *Peous*, pénis.
27. Le grec *pagkatapugon*, de façon très crue, dit littéralement "tout selon les fesses" (ou "selon le cul").
28. Allusion aux tragédies d'Euripide où les femmes mythiques, comme Sthénébée ou Phèdre, aux mœurs impudentes, au dire

CLÉONICE. — De quoi ? Dis.

LYSISTRATA. — Le ferez-vous ?

CLÉONICE. — Nous le ferons, dussions-nous mourir.

LYSISTRATA. — Eh bien, il faut vous abstenir... du membre [26]. — Pourquoi, dites-moi, vous détournez-vous ? Où allez-vous ? Hé, vous autres, pourquoi faites-vous la moue et hochez-vous la tête ? Pourquoi changer de couleur ? Pourquoi cette larme qui tombe ? Le ferez-vous ou ne le ferez-vous pas ? Qu'est-ce qui vous arrête ?

CLÉONICE. — Je ne saurais le faire. Tant pis ; que la guerre suive son cours.

MYRRHINE. — Par Zeus, moi non plus. Tant pis ; que la guerre suive son cours.

LYSISTRATA. — C'est toi qui parles ainsi, ô plie, quand tu disais à l'instant que tu te couperais en long par la moitié ?

CLÉONICE. — Autre chose, ce que tu voudras. S'il me faut passer à travers le feu, je suis prête à marcher. Plutôt cela que le membre. Car il n'est rien de tel, ma chère Lysistrata.

LYSISTRATA. — *(À Myrrhine.)* Et toi ?

MYRRHINE. — Moi aussi j'irais à travers le feu.

LYSISTRATA. — Ô sexe dissolu[27] que le nôtre tout entier ! Ce n'est pas pour rien que de nous sont faites les tragédies[28]. Car nous ne sommes que « Poséidon et bateau »[29]. *(À Lampito.)* Mais, ma chère Laconienne — car si tu restes seule avec moi, nous pourrions encore tout sauver — range-toi de mon avis.

LAMPITO. — Il est bien pénible, par les Dioscures, pour des femmes de dormir sans un gland, toutes seules. Cependant, oui, tout de même. Car de la paix aussi nous avons grand besoin.

d'Aristophane, sont les protagonistes, cf. *Thesmophories, passim* ; *Grenouilles*, 1042 ss.

29. Aphorisme qui signifie s'intéresser à une seule et unique chose, soit, ici, au sexe.

ΛΥ. Ὦ φιλτάτη σὺ καὶ μόνη τούτων γυνή. 145

ΚΛ. Εἰ δ' ὡς μάλιστ' ἀπεχοίμεθ' οὗ σὺ δὴ λέγεις, —
ὃ μὴ γένοιτο, — μᾶλλον ἂν διὰ τουτογὶ
γένοιτ' ἂν εἰρήνη ;

ΛΥ. Πολύ γε νὴ τὼ θεώ.
Εἰ γὰρ καθήμεθ' ἔνδον ἐντετριμμέναι,
κἀν τοῖς χιτωνίοισι τοῖς Ἀμοργίνοις 150
γυμναὶ παρίοιμεν δέλτα παρατετιλμέναι,
στύοιντο δ' ἄνδρες κἀπιθυμοῖεν σπλεκοῦν,
ἡμεῖς δὲ μὴ προσιείμεθ', ἀλλ' ἀπεχοίμεθα,
σπονδὰς ποήσαιντ' ἂν ταχέως, εὖ οἶδ' ὅτι.

ΛΑ. Ὁ γῶν Μενέλαος τᾶς Ἑλένας τὰ μᾶλά πα 155
γυμνᾶς παραϊδὼν ἐξέβαλ', οἰῶ, τὸ ξίφος.

ΚΛ. Τί δ', ἢν ἀφιῶσ' ἄνδρες ἡμᾶς, ὦ μέλε ;

ΛΥ. Τὸ τοῦ Φερεκράτους, κύνα δέρειν δεδαρμένην.

ΚΛ. Φλυαρία ταῦτ' ἐστὶ τὰ μεμιμημένα.
Ἐὰν λαβόντες δ' εἰς τὸ δωμάτιον βίᾳ 160
ἕλκωσιν ἡμᾶς ;

ΛΥ. Ἀντέχου σὺ τῶν θυρῶν.

ΚΛ. Ἐὰν δὲ τύπτωσιν ;

ΛΥ. Παρέχειν χρὴ κακὰ κακῶς·
οὐ γὰρ ἔνι τούτοις ἡδονὴ τοῖς πρὸς βίαν.
Κἄλλως ὀδυνᾶν χρή· κἀμέλει ταχέως πάνυ
ἀπεροῦσιν. Οὐ γὰρ οὐδέποτ' εὐφρανθήσεται 165
ἀνήρ, ἐὰν μὴ τῇ γυναικὶ συμφέρῃ.

30. Île des Cyclades, Amorgos était une grande productrice de lin, tissu qui servait probablement à fabriquer ces petites tuniques légères et transparentes appelées aussi amorgides*, v. 735, 737.

31. Le pubis de la femme, allusion à la lettre Δ renversée.

32. Littéralement "coings", métaphore pour dire seins dans le vocabulaire de la comédie, cf. *Acharniens*, 1199. Citation des vers de la *Petite Iliade*, poème du cycle épique attribué à Leschès de Milet, fr. 17 Allen= 14 Bethe, repris par Euripide dans *Andromaque*, 629.

LYSISTRATA. — Ô ma bien chère, et la seule de celles-ci qui soit femme.

CLÉONICE. — Et si, dans la mesure du possible, nous nous abstenions de ce que tu viens de dire — le ciel nous en préserve ! — serait-ce plutôt là le moyen que se fasse la paix ?

LYSISTRATA. — Tout à fait, par les deux déesses. Car si nous nous tenions chez nous, fardées, et si dans nos petites tuniques d'Amorgos [30] nous entrions nues, le delta épilé [31], et quand nos maris en érection brûleraient de nous étreindre, si nous alors, au lieu de les accueillir, nous nous refusions, ils feraient bientôt la paix, j'en suis sûre.

LAMPITO. — Ainsi Ménélas, ayant reluqué les seins [32] nus d'Hélène, lâcha, je crois, son épée.

CLÉONICE. — Mais quoi, si nos maris nous laissent là, ma bonne ?

LYSISTRATA. — Selon le mot de Phérécrate, il nous faudra « écorcher une chienne écorchée [33] ».

CLÉONICE. — Fariboles que ces simulacres. Mais s'ils nous saisissent et nous traînent de force dans la chambre ?

LYSISTRATA. — Cramponne-toi aux portes.

CLÉONICE. — Et s'ils nous battent ?

LYSISTRATA. — Il faudra se prêter mal et de mauvaise grâce. Car il n'y a pas de plaisir en ces choses-là si elles se font de force. Et, au surplus, il faut les faire souffrir : sois tranquille, bien vite ils en auront assez. Car jamais il n'y aura de jouissance pour un homme s'il n'est pas d'accord avec sa femme.

33. "Écorcher" *(derein)* ou "frotter", "enlever la peau", est employé ici dans le sens de "se masturber", cf. *Cavaliers*, 29. *Kuôn*, "chien", était aussi utilisé pour évoquer le sexe des hommes et des femmes. Phérécrate, poète comique contemporain d'Aristophane, emploie cette expression pour évoquer un olisbos usé à force de servir, cf. fr. 179K.

ΚΛ. Εἴ τοι δοκεῖ σφῷν ταῦτα, χἠμῖν ξυνδοκεῖ.

ΛΑ. Καὶ τὼς μὲν ἁμῶς ἄνδρας ἁμὲς πείσομες
παντᾷ δικαίως ἄδολον εἰράναν ἄγην·
τὸν τῶν Ἀσαναίων γα μὰν ῥυάχετον 170
πᾷ κά τις ἀμπείσειεν αὖ μὴ πλαδδιῆν;

ΛΥ. Ἡμεῖς ἀμέλει σοι τά γε παρ' ἡμῖν πείσομεν.

ΛΑ. Οὔχ, ἇς πόδας γ' ἔχωντι ταὶ τριήρεες
καὶ τὠργύριον τὤβυσσον ᾖ πὰρ τᾷ σιῷ.

ΛΥ. Ἀλλ' ἔστι καὶ τοῦτ' εὖ παρεσκευασμένον· 175
καταληψόμεθα γὰρ τὴν ἀκρόπολιν τήμερον.
Ταῖς πρεσβυτάταις γὰρ προστέτακται τοῦτο δρᾶν,
ἕως ἂν ἡμεῖς ταῦτα συντιθώμεθα,
θύειν δοκούσαις καταλαβεῖν τὴν ἀκρόπολιν.

ΛΑ. Πάντ' εὖ κ' ἔχοι· καὶ τᾶδε γὰρ λέγεις καλῶς. 180

ΛΥ. Τί δῆτα ταῦτ' οὐχ ὡς τάχιστα, Λαμπιτοῖ,
ξυνωμόσαμεν, ὅπως ἂν ἀρρήκτως ἔχῃ;

ΛΑ. Πάρφαινε μὰν τὸν ὅρκον, ὡς ὀμιόμεθα.

ΛΥ. Καλῶς λέγεις. Ποῦ 'σθ' ἡ Σκύθαινα; Ποῖ βλέπεις;
Θὲς εἰς τὸ πρόσθεν ὑπτίαν τὴν ἀσπίδα, 185
καί μοι δότω τὰ τόμιά τις.

ΚΛ. Λυσιστράτη,

34. "Auront des pieds" : la flotte athénienne était entretenue par une lourde liturgie, la triérarchie, payée par les Athéniens les plus riches.
35. Athéna était la gardienne du trésor des Athéniens Le Parthénon, depuis 454 av. J.-C., abritait aussi le trésor des alliés d'Athènes qui participaient à la ligue de Délos.
36. Cette expression signifie "prendre le pouvoir".
37. Rituel indispensable dans les actes politiques, cautionnés par la religion. Le serment confère aux accords leur caractère inviolable.
38. Cf. v. 7. Lysistrata indique que même les femmes scythes prennent part au complot et qu'elles ont assumé, sur l'Acropole, le rôle d'archers que tiennent d'habitude leurs concitoyens.
39. Autrefois, on jurait sur le sang des victimes recueilli dans un bouclier : Hérodote VI, 68 ; Xénophon, *Anabase*, II, 2, 9. D'autre part, à

CLÉONICE. — Si c'est votre avis à toutes deux, c'est aussi le nôtre.

LAMPITO. — Et nos hommes, nous leur persuaderons d'observer en tout une paix juste et loyale. Mais la cohue athénienne, comment lui persuader de ne pas extravaguer ?

LYSISTRATA. — Sois tranquille, va ; nous saurons bien persuader les nôtres.

LAMPITO. — Non, tant que leurs trières auront de quoi marcher [34] et que l'inépuisable trésor sera près de la déesse [35].

LYSISTRATA. — Mais cela aussi, on y a bien pourvu. Car nous nous emparerons de l'Acropole [36] aujourd'hui. Les plus âgées ont reçu des ordres dans ce sens : pendant que nous sommes à nous concerter, sous couleur d'un sacrifice, elles doivent s'emparer de l'Acropole.

LAMPITO. — Alors, tout va bien, car voilà encore une bonne parole.

LYSISTRATA. — Pourquoi donc, Lampito, ne pas nous lier au plus tôt par un serment [37], pour que notre engagement soit inviolable ?

LAMPITO. — Eh bien, fais voir le serment, comme nous allons jurer.

LYSISTRATA. — Tu as raison. Où est la Scythe [38] ? *(Une Scythe, comme qui dirait une « sergote », se présente.)* Où regardes-tu ? Pose ici devant nous le bouclier [39] renversé, et qu'une de vous vienne me donner les pièces coupées.

CLÉONICE. — Lysistrata, quel serment vas-tu bien nous faire prêter ?

LYSISTRATA. — Lequel ? Sur un bouclier, comme on dit que fit Eschyle [40] jadis, en égorgeant un mouton.

Athènes, les serments les plus solennels étaient prêtés sur les victimes découpées, cf. Démosthène, *Contre Aristocrate*, 68.

40. Poète tragique athénien. Les femmes confondent mimésis et réalité, en attribuant au poète un sacrifice qui apparaît dans l'une de ses œuvres, cf. *Sept contre Thèbes*, 42 ss.

τίν' ὅρκον ὁρκώσεις ποθ' ἡμᾶς;

ΛΥ. Ὅντινα;

εἰς ἀσπίδ', ὥσπερ, φασίν, Αἰσχύλος ποτέ, μηλοσφαγούσας.

ΚΛ. Μὴ σύ γ', ὦ Λυσιστράτη, εἰς ἀσπίδ' ὀμόσῃς μηδὲν εἰρήνης πέρι. 190

ΛΥ. Τίς ἂν οὖν γένοιτ' ἂν ὅρκος; Ἢ λευκόν ποθεν ἵππον λαβοῦσαι τόμιον ἐντεμώμεθα;

ΚΛ. Ποῖ λευκὸν ἵππον;

ΛΥ. Ἀλλὰ πῶς ὀμούμεθα ἡμεῖς;

ΚΛ. Ἐγώ σοι νὴ Δί', ἢν βούλῃ, φράσω. Θεῖσαι μέλαιναν κύλικα μεγάλην ὑπτίαν, 195 μηλοσφαγοῦσαι Θάσιον οἴνου σταμνίον ὀμόσωμεν εἰς τὴν κύλικα μὴ 'πιχεῖν ὕδωρ.

ΛΑ. Φεῦ δᾶ, τὸν ὅρκον ἄφατον ὡς ἐπαινίω.

ΛΥ. Φερέτω κύλικά τις ἔνδοθεν καὶ σταμνίον.

ΚΛ. Ὦ φίλταται γυναῖκες, ⟨ὁ⟩ κεραμὼν ὅσος. 200 Ταύτην μὲν ἄν τις εὐθὺς ἥσθείη λαβών.

ΛΥ. Καταθεῖσα ταύτην προσλαβοῦ μοι τοῦ κάπρου. Δέσποινα Πειθοῖ καὶ κύλιξ φιλοτησία, τὰ σφάγια δέξαι ταῖς γυναιξὶν εὐμενής.

ΚΛ. Εὔχρων γε θαἷμα κἀποπυτίζει καλῶς. 205

41. Victime de sacrifice utilisée par les Amazones, par les Scythes et par les Thraces, cf. Hérodote, IV, 61, VII, 113; Lucien, XXIV, 3.
42. Allusion au serment des Scythes : dans une coupe d'argile, ils mélangeaient du vin à leur sang, puis le buvaient.
43. Île du nord de la mer Égée, proche de la Thrace. Le vin noir qu'on y produisait était très apprécié. (Cf. *Assemblée des Femmes*, 1119.)
44. Le pot de vin remplace ici la victime du sacrifice, le verrat.
45. Peitho, invoquée ici, est la personnification de Persuasion, divinité appropriée aux serments de femmes, puisque ces dernières doivent convaincre leurs époux de l'utilité d'arrêter la guerre. Peitho appartient au cortège d'Aphrodite (cf. Hésiode, *Travaux et Jours*, 73) et était invoquée lors des cérémonies nuptiales.

CLÉONICE. — Garde-toi, Lysistrata, de rien jurer sur un bouclier quand il s'agit de la paix.

LYSISTRATA. — Quel serment faire, alors ? Ou faut-il que nous prenions quelque part un cheval blanc [41] pour lui découper les entrailles ?

CLÉONICE. — Un cheval blanc ! à quoi penses-tu ?

LYSISTRATA. — Allons, comment jurerons-nous ?

CLÉONICE. — Je vais, par Zeus, te le dire, si tu veux. Posons là une grande coupe noire renversée [42] ; en fait de mouton, égorgeons un pot de vin de Thasos [43] et jurons sur la coupe de ne point... y mêler d'eau.

LAMPITO. — Ah ! Zeus ! je ne saurais dire comme j'approuve ce serment.

LYSISTRATA. — Qu'on apporte une coupe de l'intérieur, et un pot. *(C'est ce qui est fait.)*

CLÉONICE. — Ah ! très chères femmes, voilà une poterie ! Quelle taille ! Cette coupe, rien qu'à la prendre, met en joie.

LYSISTRATA. — *(À celle qui vient d'apporter la coupe.)* Dépose-la et saisis-moi le verrat [44]. Souveraine Persuasion [45], et toi, coupe de l'amitié, agrée ce sacrifice et sois favorable aux femmes. *(Lysistrata verse le vin dans la coupe.)*

CLÉONICE. — Quelle belle couleur a ce sang, et comme il jaillit à souhait !

LAMPITO. — Et quel parfum délicieux, par Castor !

CLÉONICE. — Permettez que la première, ô femmes... je jure.

LYSISTRATA. — Non, par Aphrodite, non à moins d'être désignée par le sort [46]. Mettez toutes la main sur la coupe, Lampito. *(Elles obéissent.)* Et qu'une seule en votre nom répète ce que je vais dire. Vous jurerez après

46. Cléonice suggère que l'on respecte l'étiquette des banquets où les participants apprenaient par tirage au sort l'ordre dans lequel ils devaient boire. Cet ordre pouvait aussi être établi par un symposiarque, Xénophon, *Anabase*, 5, 1, 3, rôle ici tenu par Lysistrata.

ΛΑ. Καὶ μὰν ποτόδδει γ' ἁδὺ ναὶ τὸν Κάστορα.
ΚΛ. Ἐᾶτε πρώτην μ', ὦ γυναῖκες, ὀμνύναι.
ΛΥ. Μὰ τὴν Ἀφροδίτην οὔκ, ἐάν γε μὴ λάχῃς.
Λάζυσθε πᾶσαι τῆς κύλικος, ὦ Λαμπιτοῖ·
λεγέτω δ' ὑπὲρ ὑμῶν μί' ἅπερ ἂν κἀγὼ λέγω· 210
ὑμεῖς δ' ἐπομεῖσθε ταῦτα κἀμπεδώσετε.
Οὐκ ἔστιν οὐδεὶς οὔτε μοιχὸς οὔτ' ἀνήρ —
ΚΛ. Οὐκ ἔστιν οὐδεὶς οὔτε μοιχὸς οὔτ' ἀνήρ —
ΛΥ. ὅστις πρὸς ἐμὲ πρόσεισιν ἐστυκώς. Λέγε.
ΚΛ. ὅστις πρὸς ἐμὲ πρόσεισιν ἐστυκώς. Παπαῖ, 215
ὑπολύεταί μου τὰ γόνατ', ὦ Λυσιστράτη.
ΛΥ. Οἴκοι δ' ἀταυρώτη διάξω τὸν βίον —
ΚΛ. Οἴκοι δ' ἀταυρώτη διάξω τὸν βίον —
ΛΥ. κροκωτοφοροῦσα καὶ κεκαλλωπισμένη —
ΚΛ. κροκωτοφοροῦσα καὶ κεκαλλωπισμένη — 220
ΛΥ. ὅπως ἂν ἀνὴρ ἐπιτυφῇ μάλιστά μου· —
ΚΛ. ὅπως ἂν ἀνὴρ ἐπιτυφῇ μάλιστά μου· —
ΛΥ. κοὐδέποθ' ἑκοῦσα τἀνδρὶ τὠμῷ πείσομαι.
ΚΛ. κοὐδέποθ' ἑκοῦσα τἀνδρὶ τὠμῷ πείσομαι.
ΛΥ. Ἐὰν δέ μ' ἄκουσαν βιάζηται βίᾳ — 225
ΚΛ. ἐὰν δέ μ' ἄκουσαν βιάζηται βίᾳ —
ΛΥ. κακῶς παρέξω κοὐχὶ προσκινήσομαι.
ΚΛ. κακῶς παρέξω κοὐχὶ προσκινήσομαι.
ΛΥ. Οὐ πρὸς τὸν ὄροφον ἀνατενῶ τὼ Περσικά.
ΚΛ. Οὐ πρὸς τὸν ὄροφον ἀνατενῶ τὼ Περσικά. 230
ΛΥ. Οὐ στήσομαι λέαιν' ἐπὶ τυροκνήστιδος.

47. L'expression "élever au plancher les persiques" équivaut à notre " avoir les jambes en l'air".

moi le même serment et le tiendrez pour inviolable. « Aucun homme au monde, ni amant, ni mari… »

CLÉONICE. — « Aucun homme au monde, ni amant, ni mari … »

LYSISTRATA. — »Ne s'approchera de moi en érection ». *(À Cléonice qui se tait.)* Répète.

CLÉONICE. — *(D'une voix faible et hésitante.)* « Ne s'approchera de moi en érection. » Ah ! mes genoux se dérobent sous moi, Lysistrata.

LYSISTRATA. — « Je vivrai chez moi sans homme… »

CLÉONICE. — « Je vivrai chez moi sans homme… »

LYSISTRATA. — « Vêtue de la crocote, et m'étant faite belle… »

CLÉONICE. — « Vêtu de la crocote, et m'étant faite belle… »

LYSISTRATA. — « Afin que mon mari brûle de désir pour moi… »

CLÉONICE. — « Afin que mon mari brûle de désir pour moi… »

LYSISTRATA. — « Et jamais de bon gré je ne céderai à mon mari… »

CLÉONICE. — « Et jamais de bon gré je ne céderai à mon mari… »

LYSISTRATA. — « Et si, malgré moi, il me fait violence… »

CLÉONICE. — « Et si, malgré moi, il me fait violence… »

LYSISTRATA. — « Je me prêterai mal, sans me pousser contre lui. »

CLÉONICE. — « Je me prêterai mal, sans me pousser contre lui. »

LYSISTRATA. — « Je n'élèverai pas au plancher mes persiques* [47]. »

CLÉONICE. — « Je n'élèverai pas au plancher mes persiques. »

LYSISTRATA. — « Je ne me poserai pas en lionne sur une râpe à fromage. »

ΚΛ. Οὐ στήσομαι λέαιν' ἐπὶ τυροκνήστιδος.

ΛΥ. Ταῦτ' ἐμπεδοῦσα μὲν πίοιμ' ἐντευθενί —

ΚΛ. Ταῦτ' ἐμπεδοῦσα μὲν πίοιμ' ἐντευθενί —

ΛΥ. εἰ δὲ παραβαίην, ὕδατος ἐμπλῇθ' ἡ κύλιξ. 235

ΚΛ. εἰ δὲ παραβαίην, ὕδατος ἐμπλῇθ' ἡ κύλιξ.

ΛΥ. Συνεπόμνυθ' ὑμεῖς ταῦτα πᾶσαι;

ΠΑΣΑΙ

Νὴ Δία.

ΛΥ. Φέρ' ἐγὼ καθαγίσω τήνδε.

ΚΛ. Τὸ μέρος γ', ὦ φίλη,

ὅπως ἂν ὦμεν εὐθὺς ἀλλήλων φίλαι.

ΛΑ. Τίς ὡλολυγά;

ΛΥ. Τοῦτ' ἐκεῖν' οὑγὼ 'λεγον· 240

αἱ γὰρ γυναῖκες τὴν ἀκρόπολιν τῆς θεοῦ

ἤδη κατειλήφασιν. Ἀλλ', ὦ Λαμπιτοῖ,

σὺ μὲν βάδιζε καὶ τὰ παρ' ὑμῖν εὖ τίθει,

τασδὶ δ' ὁμήρους κατάλιφ' ἡμῖν ἐνθάδε.

Ἡμεῖς δὲ ταῖς ἄλλαισι ταῖσιν ἐν πόλει 245

ξυνεμβάλωμεν εἰσιοῦσαι τοὺς μοχλούς.

ΚΛ. Οὔκουν ἐφ' ἡμᾶς ξυμβοηθήσειν οἴει

τοὺς ἄνδρας εὐθύς;

ΛΥ. Ὀλίγον αὐτῶν μοι μέλει.

Οὐ γὰρ τοσαύτας οὔτ' ἀπειλὰς οὔτε πῦρ

ἥξουσ' ἔχοντες ὥστ' ἀνοῖξαι τὰς πύλας 250

ταύτας, ἐὰν μὴ 'φ' οἷσιν ἡμεῖς εἴπομεν.

ΚΛ. Μὰ τὴν Ἀφροδίτην οὐδέποτέ γ'· ἄλλως γὰρ ἂν

ἄμαχοι γυναῖκες καὶ μιαραὶ κεκλῄμεθ' ἄν.

48. Les râpes à fromage étaient en réalité des couteaux qui portaient sur le manche, en ivoire ou en bronze, des images d'animaux, souvent des lionnes ou des panthères. Allusion à la position de la femme « en levrette », cf. *Paix*, 894-899.

49. L'Acropole. La prise de la citadelle marque le premier succès de la révolution des femmes.

CLÉONICE. — « Je ne me poserai pas en lionne sur une râpe à fromage [48]. »

LYSISTRATA. — « Si je tiens mon serment, puissé-je boire de ce vin. »

CLÉONICE. — « Si je tiens mon serment, puissé-je boire de ce vin. »

LYSISTRATA. — « Si je l'enfreins, que cette coupe se remplisse d'eau. »

CLÉONICE. — « Si je l'enfreins, que cette coupe se remplisse d'eau. »

LYSISTRATA. — Le jurez-vous toutes ?

TOUTES. — Oui, par Zeus.

LYSISTRATA. — Allons, que je fasse l'oblation de cette coupe. *(Elle boit.)*

CLÉONICE. — Ta part seulement, ma chère, afin que du coup nous soyons toutes amies. *(Elles se passent la coupe. — On entend des cris au loin.)*

LAMPITO. — Quelle est cette clameur ?

LYSISTRATA. — Cela même que je disais. Les femmes viennent de s'emparer de la citadelle de la déesse [49]. Allons, Lampito, pars, toi, va tout régler chez vous, et laisse-nous celles-ci en otage. *(Lampito s'en va.)* Nous, allons rejoindre les autres femmes dans l'Acropole et aidons-les à mettre les verrous.

CLÉONICE. — Ne penses-tu pas que les hommes viendront à la rescousse contre nous à l'instant ?

LYSISTRATA. — Ils m'inquiètent peu. Ils n'apportent ni assez de menaces ni assez de feu pour que nous ouvrions les portes, si ce n'est aux conditions que nous avons dites.

CLÉONICE. — Non, par Aphrodite, non jamais ! ou vainement nous appellerait-on, nous, les femmes, indomptables et méchantes pestes.

Elles s'en vont. — Le décor change et représente l'entrée de l'Acropole. — Par la *parodos* droite entre lentement le Choeur composé de Vieillards portant du bois sur l'épaule et, à la main, une marmite avec du feu.

ΧΟΡΟΣ ΓΕΡΟΝΤΩΝ

Χώρει, Δράκης, ἡγοῦ βάδην, εἰ καὶ τὸν ὦμον ἀλγεῖς
κορμοῦ τοσουτονὶ βάρος χλωρᾶς φέρων ἐλάας. 255

Ἦ πόλλ' ἄελπτ' ἔνεστιν ἐν τῷ μακρῷ βίῳ, φεῦ, Str.
ἐπεὶ τίς ἄν ποτ' ἤλπισ', ὦ Στρυμόδωρ', ἀκοῦσαι
γυναῖκας, ἃς ἐβόσκομεν 260
κατ' οἶκον ἐμφανὲς κακόν,
κατὰ μὲν ἅγιον ἔχειν βρέτας
κατά τ' ἀκρόπολιν ἐμὴν λαβεῖν,
μοχλοῖς δὲ καὶ κλῄθροισιν
τὰ προπύλαια πακτοῦν ; 265

Ἀλλ' ὡς τάχιστα πρὸς πόλιν σπεύσωμεν, ὦ Φιλοῦργε,
ὅπως ἂν αὐταῖς ἐν κύκλῳ θέντες τὰ πρέμνα ταυτί,
ὅσαι τὸ πρᾶγμα τοῦτ' ἐνεστήσαντο καὶ μετῆλθον,
μίαν πυρὰν νήσαντες ἐμπρήσωμεν αὐτόχειρες
πάσας, ἀπὸ ψήφου μιᾶς, πρώτην δὲ τὴν Λύκωνος. 270

Οὐ γὰρ μὰ τὴν Δήμητρ' ἐμοῦ ζῶντος ἐγχανοῦνται· Ant.
ἐπεὶ οὐδὲ Κλεομένης, ὃς αὐτὴν κατέσχε πρῶτος,
ἀπῆλθεν ἀψάλακτος, ἀλλ' 275
ὅμως Λακωνικὸν πνέων
ᾤχετο θὤπλα παραδοὺς ἐμοί,
σμικρὸν ἔχων πάνυ τριβώνιον,
πινῶν ῥύπ', ἀπαράτιλτος,
ἓξ ἐτῶν ἄλουτος. 280

Οὕτως ἐπολιόρκησ' ἐγὼ τὸν ἄνδρ' ἐκεῖνον ὠμῶς

50. Nom masculin courant à Athènes, comme Strymodôros, v. 259, et Philourgos, v. 266.

LE CORYPHÉE. — Avance, Dracès [50], guide-nous à petits pas, bien que ton épaule te fasse mal sous le faix d'un tronc si lourd d'olivier vert.

LE PREMIER DEMI-CHŒUR. — *Certes, il est bien des choses inattendues dans le cours d'une longue vie ! Ah ! qui eût jamais compté entendre dire, ô Strymodôros, que des femmes nourries par nous, dans nos maisons fléau manifeste, tiendraient en leur pouvoir la statue sainte* [51], *après s'être emparées de mon Acropole, et qu'au moyen de verrous et de barres elles fermeraient les Propylées* [52] *?*

LE CORYPHÉE. — Mais au plus vite hâtons-nous vers l'Acropole, Philourgos. À leur intention disposons tout autour les souches que voilà ; pour toutes celles qui ont entrepris et exécuté cette affaire, élevons un seul bûcher et brûlons-les de nos propres mains, toutes, d'un seul suffrage, et, la première, la Lycon [53].

LE SECOND DEMI-CHŒUR.. — *Non, par Démèter, tant que je vivrai, elles ne me riront pas au nez. Cléomène* [54]

51. Allusion au *xoanon* d'Athéna Polias, statue en bois d'olivier qui se trouvait dans l'Érechthéion. Cf. Eschyle, *Euménides*, 80; Aristophane, *Cavaliers*, 31 ss. ; *Oiseaux*, 1128.

52. Vestibule à colonnades ; entrée monumentale de l'Acropole, construite à l'époque de Périclès par l'architecte Mnésiclès.

53. Démagogue, père d'Autolycos, le grand athlète vainqueur du pancrace évoqué par Xénophon, *Banquet*, 1, 2. Il est assimilé à Lycon de Thorikos, un des accusateurs de Socrate. Quoi qu'il en soit, un personnage nommé Lycon faisait souvent les frais des comiques (cf. Cratinos, 214 ; Eupolis, fr. 53 ; Aristophane, *Guêpes* 1301-1302). Sa femme, Rhodia, était elle aussi souvent raillée pour ses mœurs dissolues et son mauvais caractère (Eupolis, fr. 215 et 273) et Autolycos, son fils, était le sujet d'une comédie éponyme d'Eupolis.

54. Roi de Sparte qui avait aidé les Athéniens à expulser le tyran Hippias en 510. En 508, il revient à Athènes pour porter secours à Isagoras, chef du parti oligarchique, qui veut expulser l'Alcméonide Clisthène, son rival en politique, chef du parti du peuple. Il échoue et doit capituler. C'est un procédé courant, dans la comédie, de remonter à des événements fort anciens et de jouer de l'anachronisme.

ἐφ' ἑπτακαίδεκ' ἀσπίδων πρὸς ταῖς πύλαις καθεύδων.
Τασδὶ δὲ τὰς Εὐριπίδῃ θεοῖς τε πᾶσιν ἐχθρὰς
ἐγὼ οὐκ ἄρα σχήσω παρὼν τολμήματος τοσούτου;
Μή νυν ἔτ' ἐν ⟨τῇ⟩ τετραπόλει τοὐμὸν τροπαῖον εἴη. 285

'Αλλ' αὐτὸ γάρ μοι τῆς ὁδοῦ Str
λοιπόν ἐστι χωρίον
τὸ πρὸς πόλιν τὸ σιμόν, οἷ σπουδὴν ἔχω.
Χὤπως ποτ' ἐξαμπρεύσομεν
τοῦτ' ἄνευ κανθηλίου· 290
ὡς ἐμοῦ γε τὼ ξύλω τὸν ὦμον ἐξιπώκατον.
'Αλλ' ὅμως βαδιστέον,
καὶ τὸ πῦρ φυσητέον,
μή μ' ἀποσβεσθὲν λάθῃ πρὸς τῇ τελευτῇ τῆς ὁδοῦ.
Φῦ φῦ.
'Ιοὺ ἰοὺ τοῦ καπνοῦ 295

῾Ως δεινόν, ὦναξ ῾Ηράκλεις, Ant.
προσπεσόν μ' ἐκ τῆς χύτρας
ὥσπερ κύων λυττῶσα τὠφθαλμὼ δάκνει.
Κἄστιν γε Λήμνιον τὸ πῦρ
τοῦτο πάσῃ μηχανῇ· 300
οὐ γὰρ ⟨ἂν⟩ ποθ' ὧδ' ὀδὰξ ἔβρυκε τὰς λήμας ἐμοῦ.
Σπεῦδε πρόσθεν εἰς πόλιν
καὶ βοήθει τῇ θεῷ.
῏Η πότ' αὐτῇ μᾶλλον ἢ νῦν, ὦ Λάχης, ἀρήξομεν;
Φῦ φῦ.
'Ιοὺ ἰοὺ τοῦ καπνοῦ. 305

Τουτὶ τὸ πῦρ ἐγρήγορεν θεῶν ἕκατι καὶ ζῇ.

55. La misogynie d'Euripide, sans doute forgée par les poètes comiques, sera retenue comme un trait de son caractère.
56. Ancienne confédération composée de quatre bourgs d'Attique Oinoé, Probalynthos, Tricorythos et Marathon.

lui-même, qui le premier occupa l'Acropole, ne se retira pas sans horions, mais, malgré sa morgue laconienne, il ne partit qu'après m'avoir livré ses armes, vêtu d'une toute petite casaque, couvert de crasse, tout velu, depuis six ans qu'il ne s'était pas baigné.

LE CORYPHÉE. — Tant j'assiégeai cet homme-là rudement ; dix-sept lignes de boucliers devant les portes, c'est là que je dormais. Et ces femmes, haïes d'Euripide[55] et de tous les dieux, je ne les empêcherais donc pas par ma présence d'accomplir un pareil attentat ? Ah ! que plutôt disparaisse mon trophée dans la Tétrapole[56].

LE PREMIER DEMI-CHŒUR. — *Mais tout ce qui de la route me reste encore à faire est le raidillon qui mène à la citadelle, où j'ai hâte d'arriver. Arrangeons-nous pour traîner ceci jusqu'au bout sans l'aide d'un âne. Car, pour moi, ces deux bûches m'ont écrasé l'épaule. Pourtant il faut marcher et souffler le feu, de peur qu'il ne s'éteigne à mon insu au terme de la route. (*Il souffle le feu.*) Phu ! Phu ! Oh ! Oh ! Quelle fumée !*

LE SECOND DEMI-CHŒUR. — *Avec quelle furie, ô seigneur Héraclès, il s'est jeté sur moi de la marmite et, comme un chien enragé, me mord les yeux ! Oui, il est bien de Lemnos* [57]*, ce feu-là, absolument, sinon il ne rongerait pas ainsi à pleines dents mes yeux chassieux. Avance en hâte vers la citadelle, et porte secours à la déesse. Quand pourrons-nous mieux que maintenant, Lachès* [58]*, lui venir en aide ? (*Il souffle le feu.*) Phu ! Phu ! Oh ! Oh ! Quelle fumée !*

LE CORYPHÉE. — Voilà mon feu bien éveillé grâce aux dieux, et vif. Si donc nous déposions d'abord nos

57. Île volcanique au nord-est de la mer Égée. Vers 500 av. J.-C., le stratège Miltiade y envoya les premiers colons athéniens (Hérodote, VI, 136-140). À partir de 450, Lemnos est devenue une clérouquie* athénienne.

58. Nom d'homme répandu à Athènes et porté par un général athénien, célèbre pour son courage, tué à Mantinée en 418.

Οὔκουν ἄν, εἰ τὼ μὲν ξύλω θείμεσθα πρῶτον αὐτοῦ,
τῆς ἀμπέλου δ' εἰς τὴν χύτραν τὸν φανὸν ἐγκαθέντες
ἅψαντες εἶτ' εἰς τὴν θύραν κριηδὸν ἐμπέσοιμεν,
κἂν μὴ καλούντων τοὺς μοχλοὺς χαλῶσιν αἱ γυναῖκες,
ἐμπιμπράναι χρὴ τὰς θύρας καὶ τῷ καπνῷ πιέζειν. 311
Θώμεσθα δὴ τὸ φορτίον. Φεῦ τοῦ καπνοῦ, βαβαιάξ.
Τίς ξυλλάβοιτ' ἂν τοῦ ξύλου τῶν ἐν Σάμῳ στρατηγῶν;
Ταυτὶ μὲν ἤδη τὴν ῥάχιν θλίβοντά μου πέπαυται.
Σὸν δ' ἔργον ἐστίν, ὦ χύτρα, τὸν ἄνθρακ' ἐξεγείρειν, 315
τὴν λαμπάδ' ἡμμένην ὅπως παρὼν ἐμοὶ προσοίσει.
Δέσποινα Νίκη, ξυγγενοῦ τῶν τ' ἐν πόλει γυναικῶν
τοῦ νῦν παρεστῶτος θράσους θέσθαι τροπαῖον ἡμᾶς.

ΧΟΡΟΣ ΓΥΝΑΙΚΩΝ

Λιγνὺν δοκῶ μοι καθορᾶν καὶ καπνόν, ὦ γυναῖκες,
ὥσπερ πυρὸς καομένου· σπευστέον ἐστὶ θᾶττον. 320

Πέτου πέτου, Νικοδίκη, Str.
πρὶν ἐμπεπρῆσθαι Καλύκην
τε καὶ Κρίτυλλαν περιφυσήτω
ὑπό τ' ἀνέμων ἀργαλέων 325
ὑπό τε γερόντων ὀλέθρων.

Ἀλλὰ φοβοῦμαι τόδε· μῶν ὑστερόπους βοηθῶ;
Νυνδὴ γὰρ ἐμπλησαμένη τὴν ὑδρίαν κνεφαία
μόλις ἀπὸ κρήνης ὑπ' ὄχλου καὶ θορύβου καὶ πατάγου χυτρείου,
δούλαισιν ὠστιζομένη 330

59. Île de l'Égée, la plus proche de l'Asie Mineure, alliée d'Athènes. Révoltée en 440-439, elle fut assiégée et capitula (Thucydide, I, 117). Samos devint le quartier général de la flotte athénienne à partir de l'échec de l'expédition de Sicile. Lors de la révolution oligarchique de 411, à Athènes, la flotte athénienne stationnée à Samos décide de défendre le régime démocratique (Thucydide, VIII, 73-77).
60. Cette prière répond à celle des femmes aux v. 203 ss. Le culte

bûches ici ? Puis, en plongeant dans la marmite la torche de sarments de vigne, si nous l'allumions ? Et après, si nous foncions sur la porte comme des béliers ? Et si, à notre appel, les femmes ne desserrent pas les verrous, il faut mettre le feu aux portes et les réduire par la fumée. Déposons donc notre fardeau. Aïe ! quelle fumée ! Oh là là ! Qui nous donnera un coup de main pour décharger ce bois, parmi les stratèges de Samos [59] ? *(Ils déposent les bûches.)* Ces bûches enfin ont cessé de me meurtrir l'échine. À toi, ô marmite, de raviver la braise, pour qu'elle me fournisse la flamme de ma torche. Souveraine Victoire [60], sois avec nous et fais qu'après avoir réprimé l'audace des femmes dans l'Acropole, nous érigions un trophée.

Avec leurs torches ils mettent le feu au bois. Le Chœur des Femmes, à son tour, entre par la droite, portant des vases emplis d'eau.

LA CORYPHÉE. — Il me semble apercevoir une épaisse vapeur et de la fumée, ô femmes ; on dirait un feu qui brûle. Hâtons-nous plus vite.

LE PREMIER DEMI-CHŒUR DES FEMMES. — *Vole, vole, Nicodikè, avant que ne soient brûlées Calykè et Critylla* [61] *dans le feu que soufflent tout autour et les vents fâcheux et les maudits vieux. Mais ce que je crains, c'est ceci : n'arrivé-je pas trop tard à leur secours ? Car, après avoir rempli tout à l'heure mon pot, au point du jour, à la fontaine, difficilement, à cause de la foule, du tumulte et des marmites entrechoquées, bousculée par des servantes et des esclaves marquées au fer* [62], *rapidement j'ai enlevé mon eau et l'apporte au secours de mes concitoyennes que l'on brûle.*

d'Athéna Niké était très ancien sur l'Acropole. Au ve siècle, on avait construit un temple en son honneur, à droite des Propylées.

61. Noms de femmes répandus à Athènes au ve siècle.

62. On tatouait les esclaves en fuite, *Oiseaux*, 760. Ils pouvaient également porter des marques de flagellation, cf. *Guêpes*, 1296.

στιγματίαις θ', ἁρπαλέως
ἀραμένη, ταῖσιν ἐμαῖς
δημότισιν καομέναις
φέρουσ' ὕδωρ βοηθῶ.

Ἤκουσα γὰρ τυφογέρον- Ant.
τας ἄνδρας ἔρρειν, στελέχη 336
φέροντας ὥσπερ βαλανεύσοντας
εἰς πόλιν ὡς τριτάλαντα βάρος,
δεινότατ' ἀπειλοῦντας ἐπῶν
ὡς πυρὶ χρὴ τὰς μυσαρὰς γυναῖκας ἀνθρακεύειν. 340
Ἅς, ὦ θεά, μή ποτ' ἐγὼ πιμπραμένας ἴδοιμι,
ἀλλὰ πολέμου καὶ μανιῶν ῥυσαμένας Ἑλλάδα καὶ πολίτας·
ἐφ' οἶσπερ, ὦ χρυσολόφα
πολιοῦχε, σὰς ἔσχον ἕδρας 345
Καί σε καλῶ ξύμμαχον, ὦ
Τριτογένει', ἤν τις ἐκεί-
νας ὑποπιμπρῇσιν ἀνήρ,
φέρειν ὕδωρ μεθ' ἡμῶν.

Ἔασον, ὤ, τουτὶ τί ἦν; Ἄνδρες πονωπονηροί· 350
οὐ γάρ ποτ' ἂν χρηστοί γ' ἔδρων οὐδ' εὐσεβεῖς τάδ' ἄνδρες.

Χ.ΓΕ. Τουτὶ τὸ πρᾶγμ' ἡμῖν ἰδεῖν ἀπροσδόκητον ἥκει·
ἐσμὸς γυναικῶν οὑτοσὶ θύρασιν αὖ βοηθεῖ.

Χ.ΓΥ. Τί βδύλλεθ' ἡμᾶς; Οὔ τί που πολλαὶ δοκοῦμεν εἶναι;
Καὶ μὴν μέρος γ' ἡμῶν ὁρᾶτ' οὔπω τὸ μυριοστόν. 355

Χ.ΓΕ. Ὦ Φαιδρία, ταύτας λαλεῖν ἐάσομεν τοσαυτί;

LE SECOND DEMI-CHŒUR DES FEMMES. — *Car j'ai ouï dire que des imbéciles de vieillards s'avancent, portant à la citadelle, comme s'ils allaient chauffer un bain, des bûches qui pèsent bien trois talents*, en disant, avec de terribles menaces, qu'il faut griller au feu ces abominables femmes. Celles-ci, ô déesse, puissé-je ne jamais les voir la proie des flammes, mais qu'elles délivrent de la guerre et des folies l'Hellade et mes concitoyens : c'est dans ce dessein, déesse au cimier d'or* [63]*, protectrice de la cité, qu'elles ont occupé ta résidence. Et je t'appelle comme alliée, ô Tritogénie* [64] *: si quelque homme met le feu sous elles, viens porter de l'eau avec nous.*

LA CORYPHÉE. — *(À l'une des Femmes.)* Finis, oh !... *(Apercevant soudain le Chœur des Vieillards.)* Qu'est ceci ? Des coquins de coquins ! Car jamais des gens de bien ni des hommes pieux n'eussent fait cela.

LE CORYPHÉE. — Un spectacle pour nous bien inattendu, ce qui arrive là : cet essaim de femmes qui, lui, vient du dehors pour porter secours.

LA CORYPHÉE. — Pourquoi cette venette à notre vue ? Ce n'est pas, sans doute, que nous vous semblions nombreuses ? Eh bien, vrai, vous ne voyez pas encore de nous la dix-millième partie [65].

LE CORYPHÉE. — Phédrias, les laisserons-nous dégoiser tant de choses ? N'y a-t-il pas de quoi casser sa canne sur ces femelles ?

63. Allusion au diadème de la statue d'Athéna Polias qui se trouvait dans l'Érechtéion.

64. Épiclèse d'Athéna, interprétée comme une allusion à l'un des lieux de naissance de la déesse : le lac Tritonis en Lybie. Cf. *Nuées*, 989, *Cavaliers*, 1189.

65. Les femmes vantent leurs forces comme plus loin, aux vers 456 ss. Cf. *Thesmophories*, 555.

Οὐ περικατᾶξαι τὸ ξύλον τύπτοντ' ἐχρῆν τιν' αὐταῖς;

Χ.ΓΥ. Θώμεσθα δὴ τὰς κάλπιδας χἠμεῖς χαμᾶζ', ὅπως ἄν,
ἢν προσφέρῃ τὴν χεῖρά τις, μὴ τοῦτό μ' ἐμποδίζῃ.

Χ.ΓΕ. Εἰ νὴ Δί' ἤδη τὰς γνάθους τούτων τις ἢ δὶς ἢ τρὶς 360
ἔκοψεν ὥσπερ Βουπάλου, φωνὴν ἂν οὐκ ἂν εἶχον.

Χ.ΓΥ. Καὶ μὴν ἰδού· παταξάτω τις. Στᾶσ' ἐγὼ παρέξω,
κοὐ μή ποτ' ἄλλη σου κύων τῶν ὄρχεων λάβηται.

Χ.ΓΕ. Εἰ μὴ σιωπήσει, θενών σου 'κκοκκιῶ τὸ γῆρας.

Χ.ΓΥ. Ἅψαι μόνον Στρατυλλίδος τῷ δακτύλῳ προσελθών. 365

Χ.ΓΕ. Τί δ', ἢν σποδῶ τοῖς κονδύλοις; Τί μ' ἐργάσει τὸ δεινόν;

Χ.ΓΥ. Βρύκουσά σου τοὺς πλεύμονας καὶ τἄντερ' ἐξαμήσω.

Χ.ΓΕ. Οὐκ ἔστ' ἀνὴρ Εὐριπίδου σοφώτερος ποιητής·
οὐδὲν γὰρ ὧδε θρέμμ' ἀναιδές ἐστιν ὡς γυναῖκες.

Χ.ΓΥ. Αἰρώμεθ' ἡμεῖς θοὔδατος τὴν κάλπιν, ὦ Ῥοδίππη. 370

Χ.ΓΕ. Τί δ', ὦ θεοῖς ἐχθρά, σὺ δεῦρ' ὕδωρ ἔχουσ' ἀφίκου;

Χ.ΓΥ. Τί δ' αὖ σὺ πῦρ, ὦ τύμβ', ἔχων; Ὡς σαυτὸν ἐμπυρεύσων;

Χ.ΓΕ. Ἐγὼ μὲν ἵνα νήσας πυρὰν τὰς σὰς φίλας ὑφάψω.

Χ.ΓΥ. Ἐγὼ δέ γ', ἵνα τὴν σὴν πυρὰν τούτῳ κατασβέσαιμι.

Χ.ΓΕ. Τοὐμὸν σὺ πῦρ κατασβέσεις;

Χ.ΓΥ. Τοὔργον τάχ' αὐτὸ δείξει. 375

Χ.ΓΕ. Οὐκ οἶδά σ' εἰ τῇδ' ὡς ἔχω τῇ λαμπάδι σταθεύσω.

66. En grec : *kalpis*, vase à eau.

67. Sculpteur du VIe siècle, originaire de Chios, objet des iambes mordants du poète éphésien Hipponax, qui l'avait menacé de lui crever un

LA CORYPHÉE. — Posons, nous aussi, nos urnes[66] à terre, pour que, si l'on porte la main sur nous, nous n'en soyons pas embarrassées.

LE CORYPHÉE. — Si, par Zeus, on leur avait déjà donné deux ou trois coups sur la mâchoire, comme à Boupalos [67], elles ne pourraient parler.

LA CORYPHÉE. — Eh bien, me voilà, qu'on frappe. Je m'y prêterai sans broncher ; mais jamais une autre chienne ne te happera les bourses.

LE CORYPHÉE. — Si tu ne te tais, à coups de bâton je te ferai partir la peau.

LA CORYPHÉE. — Touche seulement du doigt Stratyllis, ose approcher.

LE CORYPHÉE. — Et si je te mets en poussière avec mes poings ? Que me feras-tu de si terrible ?

LA CORYPHÉE. — En mordant, je t'arracherai poumons et entrailles.

LE CORYPHÉE. — Non, il n'est pas de poète plus sage qu'Euripide ; car il n'est pas d'engeance aussi impudente que les femmes.

LA CORYPHÉE. — Soulevons, nous, nos pots d'eau, Rhodippe.

LE CORYPHÉE. — Eh quoi, ennemie des dieux, qu'es-tu venue faire ici avec de l'eau ?

LA CORYPHÉE. — Et toi donc, avec du feu, vieux tombeau ? Est-ce pour t'incendier toi-même ?

LE CORYPHÉE. — Moi, c'est pour entasser un bûcher et mettre le feu sous tes amies.

LA CORYPHÉE. — Et moi, c'est pour pouvoir avec cette eau éteindre ton bûcher.

LE CORYPHÉE. — Tu éteindras mon feu ?

LA CORYPHÉE. — Le fait va te le prouver.

LE CORYPHÉE. — Je me demande si de ce pas je ne vais pas te griller avec cette torche.

œil, cf. fr. 120 West. On pense qu'une sculpture représentant Hipponax défiguré serait à l'origine de leur dispute.

Χ.ΓΥ. Εἰ ῥύμμα τυγχάνεις ἔχων, λουτρόν ⟨γ'⟩ ἐγὼ παρέξω.

Χ.ΓΕ. Ἐμοὶ σὺ λουτρόν, ὦ σαπρά;

Χ.ΓΥ. Καὶ ταῦτα νυμφικόν γε.

Χ.ΓΕ. Ἤκουσας αὐτῆς τοῦ θράσους;

Χ.ΓΥ. Ἐλευθέρα γάρ εἰμι.

Χ.ΓΕ. Σχήσω σ' ἐγὼ τῆς νῦν βοῆς.

Χ.ΓΥ. Ἀλλ' οὐκέθ' ἡλιάζει. 380

Χ.ΓΕ. Ἔμπρησον αὐτῆς τὰς κόμας.

Χ.ΓΥ. Σὸν ἔργον, ὦχελῷε.

Χ.ΓΕ. Οἴμοι τάλας.

Χ.ΓΥ. Μῶν θερμὸν ἦν;

Χ.ΓΕ. Ποῖ θερμόν; Οὐ παύσει; Τί δρᾷς;

Χ.ΓΥ. Ἄρδω σ', ὅπως ἀμβλαστάνῃς.

Χ.ΓΕ. Ἀλλ' αὗός εἰμ' ἤδη τρέμων. 385

Χ.ΓΥ. Οὐκοῦν, ἐπειδὴ πῦρ ἔχεις, σὺ χλιανεῖς σεαυτόν.

ΠΡΟΒΟΥΛΟΣ

Ἆρ' ἐξέλαμψε τῶν γυναικῶν ἡ τρυφὴ
χὠ τυμπανισμὸς χοἰ πυκνοὶ Σαβάζιοι,
ὅ τ' Ἀδωνιασμὸς οὗτος οὐπὶ τῶν τεγῶν,
οὗ 'γώ ποτ' ὢν ἤκουον ἐν τἠκκλησίᾳ; 390
Ἔλεγεν ὁ μὴ ὥρασι μὲν Δημόστρατος
πλεῖν εἰς Σικελίαν, ἡ γυνὴ δ' ὀρχουμένη
« Αἰαῖ Ἄδωνιν » φησίν. Ὁ δὲ Δημόστρατος
ἔλεγεν ὁπλίτας καταλέγειν Ζακυνθίων,
ἡ δ' ὑποπεπωκυῖ' ἡ γυνὴ 'πὶ τοῦ τέγους 395

68. À Athènes, tribunal populaire composé de 6 000 juges tirés au sort.
69. Le plus grand fleuve grec. Par métonymie : l'eau.
70. Les Adonies, liées au cycle des saisons, étaient célébrées à Athènes en avril., en l'honneur d'Adonis, amant d'Aphrodite. Les femmes faisaient pousser des "jardins" éphémères sur les toits de leurs maisons. On disait que cette fête était celle des prostituées et que les femmes des citoyens ne devaient pas y prendre part.

LA CORYPHÉE — Si tu as à lessiver par hasard, je te fournirai, moi, un bain.

LE CORYPHÉE. — Un bain, à moi, pourriture ?

LA CORYPHÉE. — Et un bain nuptial encore.

LE CORYPHÉE. — *(À l'un de ses compagnons.)* Entends-tu cette insolence ?

LA CORYPHÉE. — C'est que je suis libre.

LE CORYPHÉE. — Je t'empêcherai bien de crier comme tu fais.

LA CORYPHÉE. — Mais tu n'es plus, ici, à l'Héliée[68].

LE CORYPHÉE. — *(À sa torche.)* Mets le feu à sa chevelure.

LA CORYPHÉE. — *(À son pot.)* Fais ton office, Achéloüs [69].

LE CORYPHÉE. — Aïe, infortuné !

LA CORYPHÉE. — *(Versant de l'eau sur les Vieillards.)* Était-ce chaud ?

LE CORYPHÉE. — Comment, chaud ? Veux-tu finir ? Que fais-tu ?

LA CORYPHÉE. — Je t'arrose pour te faire reverdir.

LE CORYPHÉE. — Mais je suis trop sec à présent, et je grelotte.

LA CORYPHÉE. — Eh bien, puisque tu as du feu, tu te réchaufferas toi-même.

Arrive un Commissaire du peuple avec des archers scythes.

LE COMMISSAIRE. — A-t-elle encore éclaté au jour, la licence des femmes, avec leur bruit de tambours, leurs cris répétés de « Vive Sabazios* », et cette fête d'Adonis [70] célébrée sur les toits, que j'entendais un jour que j'étais à l'Assemblée ? L'orateur (c'était — peste de lui ! — ce Démostratos) proposait de faire voile pour la Sicile, et sa femme, en dansant : « Hélas ! hélas ! Adonis », disait-elle. Notre Démostratos proposait d'enrôler des hoplites de Zacynthe, et sa femme, un peu bue,

« Κόπτεσθ' Ἄδωνιν » φησίν. Ὁ δ' ἐβιάζετο,
ὁ θεοῖσιν ἐχθρὸς καὶ μιαρὸς Χολοζύγης.
Τοιαῦτ' ἀπ' αὐτῶν ἐστιν ἀκολαστήματα.

Χ.ΓΕ. Τί δῆτ' ἄν, εἰ πύθοιο καὶ τὴν τῶνδ' ὕβριν;
Αἳ τἄλλα θ' ὑβρίκασι κἀκ τῶν καλπίδων 400
ἔλουσαν ἡμᾶς, ὥστε θαἰματίδια
σείειν πάρεστιν ὥσπερ ἐνεουρηκότας.

ΠΡ. Νὴ τὸν Ποσειδῶ τὸν ἁλυκὸν δίκαιά γε.
Ὅταν γὰρ αὐτοὶ ξυμπονηρευώμεθα
ταῖσιν γυναιξὶ καὶ διδάσκωμεν τρυφᾶν, 405
τοιαῦτ' ἀπ' αὐτῶν βλαστάνει βουλεύματα.
Οἳ λέγομεν ἐν τῶν δημιουργῶν τοιαδί·
« Ὦ χρυσοχόε, τὸν ὅρμον ὃν ἐπεσκεύασας,
ὀρχουμένης μου τῆς γυναικὸς ἑσπέρας
ἡ βάλανος ἐκπέπτωκεν ἐκ τοῦ τρήματος. 410
Ἐμοὶ μὲν οὖν ἔστ' εἰς Σαλαμῖνα πλευστέα·
σὺ δ' ἢν σχολάσῃς, πάσῃ τέχνῃ πρὸς ἑσπέραν
ἐλθὼν ἐκείνῃ τὴν βάλανον ἐνάρμοσον. »
Ἕτερος δέ τις πρὸς σκυτοτόμον ταδὶ λέγει
νεανίαν καὶ πέος ἔχοντ' οὐ παιδικόν· 415
« Ὦ σκυτοτόμε, μου τῆς γυναικὸς τοῦ ποδὸς
τὸ δακτυλίδιον πιέζει τὸ ζυγόν,
ἅθ' ἁπαλὸν ὄν· τοῦτ' οὖν σὺ τῆς μεσημβρίας
ἐλθὼν χάλασον, ὅπως ἂν εὐρυτέρως ἔχῃ. »
Τοιαῦτ' ἀπήντηκ' εἰς τοιαυτὶ πράγματα, 420
ὅτ' ὢν ἐγὼ πρόβουλος, ἐκπορίσας ὅπως
κωπῆς ἔσονται, τἀργυρίου νυνὶ δέον,

71. Le jour où, quatre ans auparavant, à l'Assemblée, l'orateur Démostratos, adversaire de Nicias, avait fait décider l'expédition de Sicile, ce jour-là même, mauvais augure, sur les toits des maisons voisines de la Pnyx, les femmes célébraient au milieu des lamentations les fêtes d'Adonis (cf. Thucydide VI, 1 et 29), au bruit des tambours. Tout, ce jour-là, étaitt de funeste présage : notamment l'affaire de la violation des Mystères et de la mutilation des Hermès ; l'accusation portée

sur le toit : « Pleurez, Adonis », disait-elle [71]. Et lui parlait avec violence, cet ennemi des dieux, cet infâme Fouzigès [72]. Voilà comme sont leurs dérèglements.

LE CORYPHÉE. — Que serait-ce si tu savais encore l'insolence de celles-ci ? Entre autres outrages, elles nous ont inondés de leurs urnes, au point que nous pouvons secouer nos habits, comme si nous avions pissé dedans.

LE COMMISSAIRE. — Par Poséidon le marin, ce n'est que justice. Du moment que nous-mêmes nous nous faisons complices de la perversité des femmes et leur enseignons le libertinage, tels sont les desseins qui germent en elles. Nous entrons dans les boutiques pour dire : « Orfèvre, tu sais le collier que tu as réparé ; comme ma femme dansait l'autre soir, le gland est tombé du trou [73]. Moi, je dois m'embarquer pour Salamine ; si tu es de loisir, toi, fais tout pour venir ce soir lui ajuster le gland. » Un autre, s'adressant à un cordonnier jeune et pourvu d'un membre qui n'est plus d'un enfant : « Cordonnier, lui dit-il, le petit doigt de pied de ma femme est trop serré [74] par la courroie, vu qu'il est délicat. Viens donc sur le midi et donne-lui du jeu pour qu'elle soit plus au large. » Tout cela donne des résultats à l'avenant : oui, moi, commissaire, après avoir trouvé moyen qu'il y eût des bois pour rames, mainte-

contre Alcibiade par ses ennemis, le refus d'entendre sa justification, son départ forcé, puis son rappel, cause de tant de maux futurs. À plusieurs années de distance, victimes des désastres dus à un tel aveuglement, les Athéniens se remémoraient ces événements et les coïncidences qui auraient dû les faire réfléchir et agir avec moins de précipitation.

72. Déformation plaisante (*cholos* : fou, furieux ; *zugon* : joug) de celui de Bouzygès, nom de la famille dont descendait Démostratos.

73. Expression à double sens (ici, *balanos* a le sens littéral de "petit pêne en forme de gland servant à fermer un collier de femme" et *trêma* celui de "trou, ouverture") : il s'agit aussi, dans ce contexte, d'évoquer le sexe de l'homme et celui de la femme.

74. *Daktulidion* : "petit doigt", "anneau" ; métaphore obscène.

ὑπὸ τῶν γυναικῶν ἀποκέκλεισμαι τῶν πυλῶν.
Ἀλλ' οὐδὲν ἔργον ἑστάναι. Φέρε τοὺς μοχλούς,
ὅπως ἂν αὐτὰς τῆς ὕβρεως ἐγὼ σχέθω. 425
Τί κέχηνας, ὦ δύστηνε; Ποῖ δ' αὖ σὺ βλέπεις,
οὐδὲν ποιῶν ἀλλ' ἢ καπηλεῖον σκοπῶν;
Οὐχ ὑποβαλόντες τοὺς μοχλοὺς ὑπὸ τὰς πύλας
ἐντεῦθεν ἐκμοχλεύσετ'; Ἐνθενδὶ δ' ἐγὼ
ξυνεκμοχλεύσω.

ΛΥ. Μηδὲν ἐκμοχλεύετε· 430
ἐξέρχομαι γὰρ αὐτομάτη. Τί δεῖ μοχλῶν;
Οὐ γὰρ μοχλῶν δεῖ μᾶλλον ἢ νοῦ καὶ φρενῶν.

ΠΡ. Ἄληθες, ὦ μιαρὰ σύ; Ποῦ 'σθ' ὁ τοξότης;
Ξυλλάμβαν' αὐτὴν κὠπίσω τὼ χεῖρε δεῖ.

ΛΥ. Εἰ τἄρα νὴ τὴν Ἄρτεμιν τὴν χεῖρά μοι 435
ἄκραν προσοίσει, δημόσιος ὢν κλαύσεται.

ΠΡ. Ἔδεισας, οὗτος; Οὐ ξυναρπάσει μέσην
καὶ σὺ μετὰ τούτου χἀνύσαντε δήσετον;

ΚΛ. Εἰ τἄρα νὴ τὴν Πάνδροσον ταύτῃ μόνον
τὴν χεῖρ' ἐπιβαλεῖς, ἐπιχεσεῖ πατούμενος. 440

ΠΡ. Ἰδού γ' ἐπιχεσεῖ. Ποῦ 'στιν ἕτερος τοξότης;
Ταύτην προτέραν ξύνδησον, ὁτιὴ καὶ λαλεῖ.

75. Fille de Léto, sœur d'Apollon, Artémis la chasseresse est une déesse vierge. Protectrice des jeunes filles et des épouses, elle préside aussi à la maternité (cf. *Thesmophories,* 517).
76. Fille du roi mythique d'Athènes Cécrops, par laquelle juraient les femmes d'Athènes, cf. *Thesmophories*, 533. Attachée à Athéna, elle était honorée sur l'Acropole au Pandroséion (cf. Pausanias I, 27, 3), près de l'Érechthéion, où poussait l'olivier sacré.
77. Cette épithète s'applique à Artémis (cf. Euripide, *Iphigénie en Tauride*, 21) et à Hécate (Aristophane, fr. 608, *Thesmophories*, 858 ;

nant qu'il faut l'argent, je me vois par les femmes fermer les portes au nez ! Mais rien ne sert de rester planté là. *(À un archer.)* Apporte les leviers : je veux réprimer leur insolence. Qu'as-tu à béer, malheureux ? *(À un autre.)* Et toi, où regardes-tu, sans rien faire qu'observer un cabaret ? Voulez-vous bien passer les leviers sous les portes de ce côté pour les faire sauter ? Moi, par ici, je vous aiderai à les forcer.

LYSISTRATA. — *(Ouvrant les portes et sortant.)* Ne faites rien sauter. Car je sors de moi-même. Qu'est-il besoin de leviers ? Ce n'est pas des leviers qu'il faut, mais plutôt du bon sens et de la sagesse.

LE COMMISSAIRE. — Vraiment, coquine que tu es ! — Où y a-t-il un archer ? Arrête-la et lie-lui les mains derrière le dos.

LYSISTRATA. — Ah çà, par Artémis [75], s'il me touche seulement du bout des doigts, tout agent public qu'il est, il gémira. *(L'archer recule.)*

LE COMMISSAIRE. — *(À l'archer.)* As-tu peur, toi ? Veux-tu la saisir à bras le corps. *(À un autre archer.)* Et toi avec lui ? Finissez-en de la garrotter.

CLÉONICE. — *(Sortant de la citadelle, à l'archer.)* Ah ça, par Pandrosos[76], si tu mets seulement la main sur elle, tu videras tes boyaux foulé sous nos pieds.

Devant l'attitude menaçante de Cléonice et de Myrrhine, l'archer a reculé.

LE COMMISSAIRE. — Voyez ça, « tu videras tes boyaux » ! Où y a-t-il un autre archer ? Commence par garrotter celle-là avant l'autre, puisque de plus elle jase.

MYRRHINE. — *(Au troisième archer, avec la même attitude.)* Ah ça, par la Porte-Lumière [77], si tu la touches

Euripide, *Hélène*, 569), déesse associée à la lune. Il est probable que les femmes invoquent ici Hécate, qui avait un autel près du temple d'Athèna Niké, sur l'Acropole. De plus, Hécate était fort attachée à la vie domestique des femmes.

ΜΥ. Εἴ τἄρα νὴ τὴν Φωσφόρον τὴν χεῖρ' ἄκραν
ταύτῃ προσοίσεις, κύαθον αἰτήσεις τάχα.

ΠΡ. Τουτὶ τί ἦν; Ποῦ τοξότης; Ταύτης ἔχου. 445
Παύσω τιν' ὑμῶν τῆσδ' ἐγὼ τῆς ἐξόδου.

ΛΥ. Εἴ τἄρα νὴ τὴν Ταυροπόλον ταύτῃ πρόσει,
ἐγὼ 'κποκιῶ σου τὰς στενοκωκύτους τρίχας.

ΠΡ. Οἴμοι κακοδαίμων· ἐπιλέλοιφ' ὁ τοξότης.
'Ατὰρ οὐ γυναικῶν οὐδέποτ' ἔσθ' ἡττητέα 450
ἡμῖν· ὁμόσε χωρῶμεν αὐταῖς, ὦ Σκύθαι,
ξυνταξάμενοι.

ΛΥ. Νὴ τὼ θεὼ γνώσεσθ' ἄρα
ὅτι καὶ παρ' ἡμῖν εἰσι τέτταρες λόχοι
μαχίμων γυναικῶν ἔνδον ἐξωπλισμένων.

ΠΡ. 'Αποστρέφετε τὰς χεῖρας αὐτῶν, ὦ Σκύθαι. 455

ΛΥ. Ὦ ξύμμαχοι γυναῖκες, ἐκθεῖτ' ἔνδοθεν,
ὦ σπερμαγοραιολεκιθολαχανοπώλιδες,
ὦ σκοροδοπανδοκευτριαρτοπώλιδες,
οὐχ ἕλξετ', οὐ παιήσετ', οὐκ ἀράξετε,
οὐ λοιδορήσετ', οὐκ ἀναισχυντήσετε; 460
Παύσασθ', ἐπαναχωρεῖτε, μὴ σκυλεύετε.

ΠΡ. Οἴμ' ὡς κακῶς πέπραγέ μου τὸ τοξικόν.

ΛΥ. 'Αλλὰ τί γὰρ ᾤου; Πότερον ἐπὶ δούλας τινὰς
ἥκειν ἐνόμισας, ἢ γυναιξὶν οὐκ οἴει
χολὴν ἐνεῖναι;

ΠΡ. Νὴ τὸν 'Απόλλω καὶ μάλα 465
πολλήν γ', ἐάνπερ πλησίον κάπηλος ᾖ.

78. C'est-à-dire Artémis Tauropole (de Tauris, en Crimée).
79. Pastiche du vocabulaire militaire réservé aux hommes, détourné ici par les femmes : *summachoi* : alliés ; *tettares lochoi* : quatre bataillons ; *machimoi* : belliqueuses ; *exoplizein* : s'armer entièrement.
80. Aux v. 457-458, l'effet comique vient des mots fabriqués par

seulement du bout des doigts, tu demanderas bientôt une ventouse.

Le troisième archer recule.

LE COMMISSAIRE. — Qu'est-ce là ? Où y a-t-il un archer ? *(À un quatrième archer.)* Empoigne-la. — J'empêcherai bien chacune de vous de sortir ainsi.

LYSISTRATA. — *(Au quatrième archer.)* Ah ça, par la déesse de Tauris[78], si tu l'approches, j'arracherai tes cheveux, que tu pleures déjà tant !

L'archer recule et se retire.

LE COMMISSAIRE. — Ah ! malheur ! Fini, mon archer ! Mais ce ne sera jamais des femmes qui auront raison de nous. Ensemble marchons contre elles, Scythes, en ordre de bataille.

LYSISTRATA. — Par les deux déesses, nous vous ferons donc voir que, nous aussi, nous avons à l'intérieur quatre bataillons de femmes belliqueuses et bien armées[79].

LE COMMISSAIRE. — Ramenez-leur les mains derrière le dos, Scythes. *(Les Scythes se disposent à obéir.)*

LYSISTRATA. — Ô nos alliées, ô femmes, accourez de l'intérieur, marchandes au marché de graines, purée et légumes, débitantes d'ail, hôtelières, vendeuses de pain[80], tiraillez, frappez, assommez, invectivez, soyez sans vergogne ! *(Les femmes sortent en foule ; les archers se sauvent.)* Repliez-vous, ne les dépouillez pas.

Toutes rentrent, sauf Lysistrata et deux autres.

LE COMMISSAIRE. — Ah ! quelle déconfiture pour mes archers !

LYSISTRATA. — Mais que croyais-tu donc ? As-tu pensé avoir affaire à des esclaves ? Ou supposes-tu que les femmes n'ont point de bile[81] ?

accumulation de plusieurs substantifs, et qui occupent tout le vers.

81. La bile était associée à la manifestation du courage.

Χ.ΓΕ. Ὦ πόλλ' ἀναλώσας ἔπη πρόβουλε τῇσδε ⟨τῆς⟩ γῆς,
τί τοῖσδε σαυτὸν εἰς λόγους τοῖς θηρίοις ξυνάπτεις;
Οὐκ οἶσθα λουτρὸν οἷον αἵδ' ἡμᾶς ἔλουσαν ἄρτι
ἐν τοῖσιν ἱματιδίοις, καὶ ταῦτ' ἄνευ κονίας; 470

Χ.ΓΥ. Ἀλλ', ὦ μέλ', οὐ χρὴ προσφέρειν τοῖς πλησίοισιν εἰκῇ
τὴν χεῖρ'· ἐὰν δὲ τοῦτο δρᾷς, κυλοιδιᾶν ἀνάγκη.
Ἐπεὶ 'θέλω 'γὼ σωφρόνως ὥσπερ κόρη καθῆσθαι,
λυποῦσα μηδέν' ἐνθαδί, κινοῦσα μηδὲ κάρφος,
ἣν μή τις ὥσπερ σφηκιὰν βλίττῃ με κἀρεθίζῃ. 475

Χ.ΓΕ. Ὦ Ζεῦ, τί ποτε χρησόμεθα τοῖσδε κνωδάλοις; Str.
Οὐ γὰρ ἔτ' ἀνεκτὰ τάδε γ', ἀλλὰ βασανιστέον
τόδε σοι τὸ πάθος μετ' ἐμοῦ,
ὅ τι βουλόμεναί ποτε τὴν 480
Κραναὰν κατέλαβον, ἐφ' ὅ τι τε
μεγαλόπετρον, ἄβατον ἀκρόπολιν,
ἱερὸν τέμενος.

Ἀλλ' ἀνερώτα καὶ μὴ πείθου καὶ πρόσφερε πάντας ἐλέγχους·
ὡς αἰσχρὸν ἀκωδώνιστον ἐᾶν τὸ τοιοῦτον πρᾶγμα μεθέντας. 485

ΠΡ. Καὶ μὴν αὐτῶν τοῦτ' ἐπιθυμῶ νὴ τὸν Δία πρῶτα πυθέσθαι,
ὅ τι βουλόμεναι τὴν πόλιν ἡμῶν ἀπεκλείσατε τοῖσι μοχλοῖσιν.

ΛΥ. Ἵνα τἀργύριον σῶν παρέχοιμεν καὶ μὴ πολεμοῖτε δι' αὐτό.

ΠΡ. Διὰ τἀργύριον πολεμοῦμεν γάρ;

ΛΥ. Καὶ τἄλλα γε πάντ' ἐκυκήθη.
Ἵνα γὰρ Πείσανδρος ἔχοι κλέπτειν χοἰ ταῖς ἀρχαῖς ἐπέχοντες 490

82. Les femmes, comme les esclaves (cf. v. 427), aiment les cabarets ; l'ivrognerie des femmes est un motif traditionnel de la comédie, cf. aussi *Assemblée des Femmes*, v. 14-15, 43-45, 146.

83. C'est-à-dire l'Acropole. Sous Cécrops, les Athéniens se nommaient Cécropides ; puis, selon Hérodote, VIII, 44, à l'époque où les Pélasges dominaient l'Attique, ils se nommaient Cranaens, d'après le

LE COMMISSAIRE. — Par Apollon, elles n'en ont que trop, pourvu que tout près il y ait un cabaret [82].

LE CORYPHÉE. — Ah ! que de paroles perdues, commissaire de ce pays. Pourquoi t'aller commettre avec ces bêtes ? Ignores-tu quel bain celles-ci nous ont donné tout à l'heure sur nos pauvres habits, et cela sans lessive ?

LA CORYPHÉE. — Mais, mon bon, il ne faut pas à la légère porter la main sur son prochain. Si tu le fais, tu as les yeux pochés, c'est fatal. Car enfin, je ne demande, moi, qu'à me tenir sagement comme une jeune fille, sans ennuyer personne ici, sans même déranger un fétu ; mais qu'on ne s'avise pas de toucher au guêpier, de prendre mon miel et de m'irriter !

LE CHŒUR DES VIEILLARDS. — *(Au Commissaire.) Ô Zeus ! qu'allons-nous bien faire de ces animaux-là ? De pareils procédés ne sont plus tolérables. Il te faut scruter le cas avec moi : dans quel dessein ont-elles bien pu occuper la citadelle de Cranaos* [83], *pourquoi le roc énorme, inaccessible de l'Acropole, l'enceinte sacrée ?*

LE CORYPHÉE. — Allons, interroge-les, ne t'en laisse pas conter, emploie tous les moyens de réfutation. Songe qu'il serait honteux de laisser une pareille affaire sans l'instruire et de la négliger.

LE COMMISSAIRE. — *(S'adressant à Lysistrata, Cléonice et Myrrhine)* Eh bien, voici, par Zeus, ce que je désire avant tout apprendre de votre bouche. Dans quel dessein avez-vous barricadé notre citadelle ?

LYSISTRATA. — Pour mettre en sûreté l'argent et vous empêcher de faire la guerre à cause de lui.

LE COMMISSAIRE. — C'est donc à cause de l'argent que nous faisons la guerre ?

LYSISTRATA. — Oui, et tous les autres remue-ménage. C'est pour avoir le moyen de voler que Pisandros et ceux qui s'attachent aux charges suscitaient sans cesse

nom du roi Cranaos, et la ville d'Athènes Cranaé. Enfin, sous Érechthée, ils devinrent les Athéniens.

ἀεί τινα κορκορυγὴν ἐκύκων. Οἱ δ' οὖν τοῦδ' οὕνεκα δρώντων
ὅ τι βούλονται· τὸ γὰρ ἀργύριον τοῦτ' οὐκέτι μὴ καθέλωσιν.

ΠΡ. Ἀλλὰ τί δράσεις;

ΛΥ. Τοῦτό μ' ἐρωτᾷς; Ἡμεῖς ταμιεύσομεν αὐτό.

ΠΡ. Ὑμεῖς ταμιεύσετε τἀργύριον;

ΛΥ. Τί ⟨δὲ⟩ δεινὸν τοῦτο νομίζεις; 494
Οὐ καὶ τἄνδον χρήματα πάντως ἡμεῖς ταμιεύομεν ὑμῖν;

ΠΡ. Ἀλλ' οὐ ταὐτόν.

ΛΥ. Πῶς οὐ ταὐτόν;

ΠΡ. Πολεμητέον ἔστ' ἀπὸ τούτου

ΛΥ. Ἀλλ' οὐδὲν δεῖ πρῶτον πολεμεῖν.

ΠΡ. Πῶς γὰρ σωθησόμεθ' ἄλλως;

ΛΥ. Ἡμεῖς ὑμᾶς σώσομεν.

ΠΡ. Ὑμεῖς;

ΛΥ. Ἡμεῖς μέντοι.

ΠΡ. Σχέτλιόν γε.

ΛΥ. Ὡς σωθήσει, κἂν μὴ βούλῃ.

ΠΡ. Δεινόν ⟨γε⟩ λέγεις.

ΛΥ. Ἀγανακτεῖς,
ἀλλὰ ποητέα ταῦτ' ἐστὶν ὅμως.

ΠΡ. Νὴ τὴν Δήμητρ' ἄδικόν γε. 500

ΛΥ. Σωστέον, ὦ τᾶν.

ΠΡ. Κεἰ μὴ δέομαι;

ΛΥ. Τοῦδ' οὕνεκα καὶ πολὺ μᾶλλον.

ΠΡ. Ὑμῖν δὲ πόθεν περὶ τοῦ πολέμου τῆς τ' εἰρήνης ἐμέλησεν;

ΛΥ. Ἡμεῖς φράσομεν.

ΠΡ. Λέγε δὴ ταχέως, ἵνα μὴ κλάῃς.

ΛΥ. Ἀκροῶ δή,

84. Pisandros, le plus remuant agent oligarchique, était alors à Samos, où il complotait : ses menées aboutirent, quatre mois après, au renversement de la constitution et à l'établissement du gouvernement oligarchique des Quatre Cents. Voir aussi *Paix*, 395 ; *Oiseaux*, 1556 ; Thucydide, VIII, 65, 68 et 98.

85. Les femmes gèrent les biens de la maison, du ménage, cf. Xénophon, *Économique*, VII, 3, et c'est à ce titre qu'elles prétendent

quelque grabuge[84]. Qu'ils fassent pour cela ce qu'ils voudront. *(Montrant la direction de la citadelle.)* L'argent qui est là, il n'est plus à craindre qu'ils fassent main basse dessus.

LE COMMISSAIRE. — Et que feras-tu ?

LYSISTRATA. — Tu me le demandes ? C'est nous qui l'administrerons.

LE COMMISSAIRE. — C'est vous qui administrerez l'argent ?

LYSISTRATA. — Que trouves-tu là d'étrange ? N'est-ce pas nous qui en tout administrons le bien du ménage[85] pour vous ?

LE COMMISSAIRE. — Mais ce n'est pas la même chose.

LYSISTRATA. — Comment, pas la même chose ?

LE COMMISSAIREE. — Cet argent-là doit servir à la guerre.

LYSISTRATA. — Mais, d'abord, il n'est nullement besoin de faire la guerre.

LE COMMISSAIRE. — Comment donc pourvoir à notre sûreté autrement ?

LYSISTRATA. — C'est nous qui pourvoirons à votre sûreté.

LE COMMISSAIRE. — Vous ?

LYSISTRATA. — Nous, certainement.

LE COMMISSAIREE. — C'est trop fort !

LYSISTRATA. — Sache qu'on te sauvera, fût-ce malgré toi.

LE COMMISSAIRE. — C'est trop fort.

LYSISTRATA. — Cela te fâche. Mais nous y sommes obligées tout de même.

LE COMMISSAIRE. — Par Déméter, vous n'en avez pas le droit.

LYSISTRATA. — Te sauver, c'est le devoir, mon ami !

assumer l'administration du trésor. Dans l'*Assemblée des Femmes*, les femmes conçoivent un projet encore plus audacieux : celui de diriger l'État à la place des hommes.

καὶ τὰς χεῖρας πειρῶ κατέχειν.

ΠΡ. Ἀλλ' οὐ δύναμαι· χαλεπὸν γὰρ
ὑπὸ τῆς ὀργῆς αὐτὰς ἴσχειν.

ΚΛ. Κλαύσει τοίνυν πολὺ μᾶλλον. 505

ΠΡ. Τοῦτο μέν, ὦ γραῦ, σαυτῇ κρώξαις. Σὺ δέ μοι λέγε.

ΛΥ. Ταῦτα ποήσω.
Ἡμεῖς τὸν μὲν πρότερον πόλεμον καὶ χρόνον ἠνεσχόμεθ' ⟨ὑμῶν⟩
ὑπὸ σωφροσύνης τῆς ἡμετέρας τῶν ἀνδρῶν ἅττ' ἐποεῖτε·
— οὐ γὰρ γρύζειν εἴᾶθ' ἡμᾶς, — καίτοὐκ ἠρέσκετέ γ' ἡμᾶς.
Ἀλλ' ᾐσθανόμεσθα καλῶς ὑμῶν, καὶ πολλάκις ἔνδον ἂν οὖσαι 510
ἠκούσαμεν ἄν τι κακῶς ὑμᾶς βουλευσαμένους μέγα πρᾶγμα·
εἶτ' ἀλγοῦσαι τἄνδοθεν ὑμᾶς ἐπανηρόμεθ' ἂν γελάσασαι
« Τί βεβούλευται περὶ τῶν σπονδῶν ἐν τῇ στήλῃ παραγράψαι
ἐν τῷ δήμῳ τήμερον ὑμῖν ; » — « Τί δὲ σοὶ τοῦτ' ; » ἦ δ' ὃς ἂν ἁνήρ·
« οὐ σιγήσει ; » — κἀγὼ 'σίγων.

ΚΛ. Ἀλλ' οὐκ ἂν ἐγώ ποτ' ἐσίγων. 515

ΠΡ. Κἂν ᾤμωζές γ', εἰ μὴ 'σίγας.

ΛΥ. Τοιγάρ⟨τοῦγωγ' ἂν⟩ ἐσίγων.
⟨Ἑτέρου δ'⟩ ἕτερόν τι πονηρότερον βούλευμ' ἐπεπύσμεθ' ἂν ὑμῶν·
εἶτ' ἠρόμεθ' ἄν· « Πῶς ταῦτ', ὦνερ, διαπράττεσθ' ὧδ' ἀνοήτως ; »
Ὁ δέ μ' εὐθὺς ὑποβλέψας ⟨ἂν⟩ ἔφασκ', εἰ μὴ τὸν στήμονα νήσω,

86. L'Assemblée du peuple votait les projets de loi préparés par le Conseil. La décision du peuple souverain était ensuite gravée sur une stèle et exposée en un lieu visible pour que tous les citoyens puissent la lire, la consulter. S'il s'agissait d'un accord important entre deux cités, chacune des parties exposait sa propre stèle, et l'on en envoyait une troisième à un temple panhellénique, par exemple Olympie ou Delphes. Ici, il est question de la stèle où était inscrite la paix de Nicias de 421 (Thucydide, V, 18) qu'Alcibiade avait conseillé de raser en partie à cause des Lacédémoniens (Thucydide, V, 56).
87. Citation d'un vers d'Homère : *Iliade*, VI, 492 ; Hector s'adresse ainsi à Andromaque. Ce vers est repris de façon parodique au v. 538.

LE COMMISSAIRE. — Même si je ne le demande pas ?

LYSISTRATA. — Alors, bien plutôt.

LE COMMISSAIRE. — Mais d'où vous est venue l'idée de vous mêler de la guerre et de la paix ?

LYSISTRATA. — Nous l'expliquerons.

LE COMMISSAIRE. — Parle donc vite *(Geste de menace)* si tu crains les coups.

LYSISTRATA. — Écoute donc, et tâche de retenir tes mains.

LE COMMISSAIRE. — Je ne puis. J'ai peine à les retenir, tant je suis en colère.

CLÉONICE. — Alors il t'en cuira... bien plutôt.

LE COMMISSAIRE. — Cela, la vieille, puisses-tu le croasser pour toi-même. *(À Lysistrata.)* Toi, parle.

LYSISTRATA. — Ainsi ferai-je. Nous, durant les premiers temps de la guerre, nous avons, avec la modération qui est nôtre, tout supporté de vous, les hommes, quoi que vous fissiez, car vous ne nous permettiez pas d'ouvrir la bouche. Et pourtant, vous n'étiez pas précisément pour nous plaire ; mais nous, nous sentions bien ce que vous étiez, et maintes fois, étant chez nous, nous apprenions vos résolutions funestes sur une affaire importante. Alors, bien qu'affligées au fond, nous vous demandions avec un sourire : « Qu'a-t-on décidé d'inscrire sur la stèle [86] au sujet de la paix, à l'Assemblée d'aujourd'hui ? » « — Qu'est-ce que cela te fait ? », disait le mari, « tais-toi. » Et je me taisais.

CLÉONICE. — Oh ! mais moi, jamais je ne me taisais.

LE COMMISSAIRE. — Alors, qu'est-ce que tu prenais, si tu ne te taisais pas !

LYSISTRATA. — Aussi moi, me taisais-je. C'était, d'une fois à l'autre, quelque pire résolution que nous apprenions de vous, et nous demandions : « Comment pouvez-vous, mon homme, agir avec si peu de sens ? » Mais lui aussitôt, me regardant en dessous, de me dire : « Si tu ne tisses pas la toile, la tête te cuira longtemps.

La guerre sera l'affaire des hommes [87]. »

ὀτοτύξεσθαι μακρὰ τὴν κεφαλήν· «πόλεμος δ' ἄνδρεσσι μελήσει.» 520

ΠΡ. Ὀρθῶς γε λέγων νὴ Δί' ἐκεῖνος.

ΛΥ. Πῶς ὀρθῶς, ὦ κακόδαιμον,
εἰ μηδὲ κακῶς βουλευομένοις ἐξῆν ὑμῖν ὑποθέσθαι;
Ὅτε δὴ δ' ὑμῶν ἐν ταῖσιν ὁδοῖς φανερῶς ἠκούομεν ἤδη·
«Οὐκ ἔστιν ἀνὴρ ἐν τῇ χώρᾳ.» — «Μὰ Δί' οὐ δῆτ',» εἶφ' ἕτερός τις, —
μετὰ ταῦθ' ἡμῖν εὐθὺς ἔδοξεν σῶσαι τὴν Ἑλλάδα κοινῇ 525
ταῖσι γυναιξὶν συλλεχθείσαις. Ποῖ γὰρ καὶ χρῆν ἀναμεῖναι;
Ἢν οὖν ἡμῶν χρηστὰ λεγουσῶν ἐθελήσητ' ἀντακροᾶσθαι
κἀντισιωπᾶν ὥσπερ χἠμεῖς, ἐπανορθώσαιμεν ἂν ὑμᾶς.

ΠΡ. Ὑμεῖς ἡμᾶς; Δεινόν γε λέγεις κοὐ τλητὸν ἔμοιγε.

ΛΥ. Σιώπα.

ΠΡ. Σοί γ', ὦ κατάρατε, σιωπῶ 'γώ, καὶ ταῦτα κάλυμμα φορούσῃ 530
περὶ τὴν κεφαλήν; Μή νυν ζῴην.

ΛΥ. Ἀλλ' εἰ τοῦτ' ἐμπόδιόν σοι,
παρ' ἐμοῦ τουτὶ τὸ κάλυμμα λαβὼν
ἔχε καὶ περίθου περὶ τὴν κεφαλήν,
κᾆτα σιώπα.

ΚΛ. Καὶ τουτονγὶ τὸν καλαθίσκον. 535
Κᾆτα ξαίνειν ξυζωσάμενος
κυάμους τρώγων·
πόλεμος δὲ γυναιξὶ μελήσει.

Χ.ΓΥ. Ἀπαίρετ', ὦ γυναῖκες, ἀπὸ τῶν καλπίδων, ὅπως ἂν
ἐν τῷ μέρει χἠμεῖς τι ταῖς φίλαισι συλλάβωμεν. 540

88. Les femmes athéniennes portaient le voile en quittant leurs foyers, signe de modestie (qui pouvait servir à leur coquetterie), mais aussi de leur soumission à l'autorité masculine. Il n'était pas question pour elles de s'occuper des affaires des hommes, ni de leur faire la leçon.
89. Expression proche de l'épithète qu'Aristophane donnait au peuple d'Athènes, réuni en assemblée, *kuamotrox*, cf. *Cavaliers*, 41. Cette

LE COMMISSAIRE. — Il avait raison, par Zeus, celui-là.

LYSISTRATA. — Raison ? Comment, malheureux ? Vous preniez des résolutions funestes, et il ne nous était même pas permis de vous conseiller ? Mais quand nous vous entendions dire publiquement, dans les rues cette fois : « N'y a-t-il pas un homme dans ce pays ? » et un autre répondre : « Non, par Zeus, il n'y en a pas », alors nous résolûmes sur l'heure, dans une réunion de femmes, de travailler de concert au salut de l'Hellade. Car qu'aurait servi d'attendre ? Si donc vous voulez écouter à votre tour, quand nous vous conseillons sagement, et à votre tour vous taire, comme nous faisions, nous serions un correctif pour vous.

LE COMMISSAIRE. — Vous, pour nous ? C'est trop fort, ton langage m'est intolérable.

LYSISTRATA. — Tais-toi.

LE COMMISSAIRE. — Me taire pour toi, maudite ? pour toi qui portes un voile[88] sur la tête ? Plutôt cesser de vivre.

Plus vif.

LYSISTRATA. — Si c'est là ce qui t'arrête, je te le passe, ce voile, prends-le, tiens, et ceins-en ta tête, puis tais-toi.

CLÉONICE. — Prends encore ce fuseau, et la petite corbeille que voilà. Puis rassemble les plis de ta ceinture et file la laine en croquant des fèves[89].

La guerre sera l'affaire des femmes.

LA CORYPHÉE. — Éloignez-vous, ô femmes, de vos urnes, pour qu'à notre tour nous prêtions quelque aide à nos amies.

épithète évoque les tirages au sort concernant les magistratures qui se faisaient à l'aide de fèves, cf. Hérodote, VI, 109; Thucydide, VIII, 66. Maintenant que leur rôle est inversé, les hommes croqueront les fèves en exécutant des travaux monotones, comme les femmes le faisaient auparavant.

'Εγὼ γὰρ οὔποτ' ἂν κάμοιμ' ὀρχουμένη, Ant.
οὐδὲ γόνατ' ἂν κόπος ἕλοι με καματήριος.
'Εθέλω δ' ἐπὶ πᾶν ἰέναι
μετὰ τῶνδ' ἀρετῆς ἕνεχ', αἷς
ἔνι φύσις, ἔνι χάρις, ἔνι θράσος, 545
ἔνι τὸ σοφόν, ἔνι ⟨δὲ⟩ φιλόπολις
ἀρετὴ φρόνιμος.

'Αλλ', ὦ τηθῶν ἀνδρειοτάτη καὶ μητριδίων ἀκαληφῶν,
χωρεῖτ' ὀργῇ καὶ μὴ τέγγεσθ'· ἔτι γὰρ νῦν οὔρια θεῖτε. 550

ΛΥ. 'Αλλ' ἤνπερ ὅ ⟨τε⟩ γλυκύθυμος Ἔρως χἠ Κυπρογένει' 'Αφροδίτη
ἵμερον ἡμῶν κατὰ τῶν κόλπων καὶ τῶν μηρῶν καταπνεύσῃ,
κᾆτ' ἐντέξῃ τέτανον τερπνὸν τοῖς ἀνδράσι καὶ ῥοπαλισμούς,
οἶμαί ποτε Λυσιμάχας ἡμᾶς ἐν τοῖς Ἕλλησι καλεῖσθαι.

ΠΡ. Τί ποησάσας;

ΛΥ. Ἣν παύσωμεν πρώτιστον μὲν ξὺν ὅπλοισιν 555
ἀγοράζοντας καὶ μαινομένους.

ΚΛ. Νὴ τὴν Παφίαν 'Αφροδίτην.

ΛΥ. Νῦν μὲν γὰρ δὴ κἀν ταῖσι χύτραις καὶ τοῖς λαχάνοισιν ὁμοίως
περιέρχονται κατὰ τὴν ἀγορὰν ξὺν ὅπλοις ὥσπερ Κορύβαντες.

ΠΡ. Νὴ Δία· χρὴ γὰρ τοὺς ἀνδρείους.

ΛΥ. Καὶ μὴν τό γε πρᾶγμα γέλοιον,
ὅταν ἀσπίδ' ἔχων καὶ Γοργόνα τις κᾆτ' ὠνῆται κορακίνους. 560

ΚΛ. Νὴ Δί' ἐγὼ γοῦν ἄνδρα κομήτην φυλαρχοῦντ' εἶδον ἐφ' ἵππου

90. Les orties ou orties de mer *(ascidia)* sont utilisées ici métaphoriquement pour désigner la colère, cf. *Guêpes*, v. 884.
91. Littéralement, "celles qui mettent fin aux combats".
92. Épiclèse qui fait référence au plus ancien sanctuaire d'Aphrodite à Paphos, ville de Chypre.
93. Démons d'origine phrygienne qui font partie du cortège de Cybèle. On leur attribuait l'invention des danses orgiastiques accompagnées d'instruments à vent et de tambourins.
94. Monstre qui pétrifie ceux qui le regardent. Les soldats portaient souvent un bouclier sur lequel était sculptée une gorgone.

DEMI-CHŒUR DES FEMMES. — *Jamais, quant à moi, je ne me lasserai de danser ; la pesante fatigue ne saurait engourdir mes genoux. Je suis prête à tout entreprendre avec ces femmes pour l'amour du mérite : elles ont le talent naturel, elles ont la grâce, elles ont l'audace, elles ont la sagesse, elles ont le patriotisme uni à la prudence.*

LA CORYPHÉE. — Allons, ô la plus courageuse des grand-mères et des mamans orties [90], avancez avec ardeur et ne mollissez pas. Vous courez encore par bon vent.

LYSISTRATA. — Mais si le doux Éros avec la déesse de Chypre, Aphrodite, souffle du désir sur nos seins et sur nos cuisses, et ensuite s'il infuse aux hommes une tension de plaisir et des raideurs de bâton, je crois qu'un jour le nom de « Lysimaques [91] » nous sera décerné chez les Hellènes.

LE COMMISSAIRE. — Pour avoir fait quoi ?

LYSISTRATA. — Pour avoir fait cesser tout d'abord leur présence en armes au marché, et leur folie.

CLÉONICE. — Oui, par Aphrodite la Paphienne [92] !

LYSISTRATA. — Car à présent on les voit, sur le marché aux marmites et aux légumes, parcourir en armes toute la place, pareils à des corybantes [93].

LE COMMISSAIRE. — Parbleu, c'est le devoir des braves.

LYSISTRATA. — N'empêche que c'est une chose ridicule qu'un homme portant un bouclier et une Gorgone[94] achète des coracins [95].

CLÉONICE. — Oui, par Zeus ; ainsi moi j'ai vu un homme à crinière, qui était phylarque [96], étant sur son cheval, jeter dans son casque d'airain de la purée de légumes achetée à une vieille femme. Un autre, vêtu en

95. Poisson de mer très bon marché, cf. Athénée, 294a ou 309 a.

96. Commandant d'un escadron de cavalerie de cent hommes issus d'une même tribu. Ils étaient dix à Athènes. Les cavaliers étaient souvent des aristocrates de la deuxième classe censitaire des *hippeis*.

εἰς τὸν χαλκοῦν ἐμβαλλόμενον πῖλον λέκιθον παρὰ γραός·
ἕτερος δ' αὖ Θρᾷξ πέλτην σείων κἀκόντιον ὥσπερ ὁ Τηρεύς,
ἐδεδίττετο τὴν ἰσχαδόπωλιν καὶ τὰς δρυπεπεῖς κατέπινεν.

ΠΡ. Πῶς οὖν ὑμεῖς δυναταὶ παῦσαι τεταραγμένα πράγματα πολλὰ 56
ἐν ταῖς χώραις καὶ διαλῦσαι;

ΛΥ. Φαύλως πάνυ.

ΠΡ. Πῶς; Ἀπόδειξον.

ΛΥ. Ὥσπερ κλωστῆρ', ὅταν ἡμῖν ᾖ τεταραγμένος, ὧδε λαβοῦσαι,
ὑπενεγκοῦσαι τοῖσιν ἀτράκτοις τὸ μὲν ἐνταυθοῖ, τὸ δ' ἐκεῖσε,
οὕτως καὶ τὸν πόλεμον τοῦτον διαλύσομεν, ἤν τις ἐάσῃ,
διενεγκοῦσαι διὰ πρεσβειῶν τὸ μὲν ἐνταυθοῖ, τὸ δ' ἐκεῖσε. 57

ΠΡ. Ἐξ ἐρίων δὴ καὶ κλωστήρων καὶ ἀτράκτων πράγματα δεινὰ
παύσειν οἴεσθ'; Ὡς ἀνόητοι.

ΛΥ. Κἂν ὑμῖν γ' εἴ τις ἐνῆν νοῦς,
ἐκ τῶν ἐρίων τῶν ἡμετέρων ἐπολιτεύεσθ' ἂν ἅπαντα.

ΠΡ. Πῶς δή; Φέρ' ἴδω.

ΛΥ. Πρῶτον μὲν χρῆν, ὥσπερ πόκον, ἐν βαλανείῳ
ἐκπλύναντας τὴν οἰσπώτην ἐκ τῆς πόλεως, ἐπὶ κλίνης 57
ἐκραβδίζειν τοὺς μοχθηροὺς καὶ τοὺς τριβόλους ἀπολέξαι,
καὶ τούς γε συνισταμένους τούτους καὶ τοὺς πιλοῦντας ἑαυτοὺ
ἐπὶ ταῖς ἀρχαῖσι διαξῆναι καὶ τὰς κεφαλὰς ἀποτῖλαι·
εἶτα ξαίνειν εἰς καλαθίσκον κοινὴν εὔνοιαν ἅπαντας
καταμειγνύντας· τούς τε μετοίκους κεἴ τις ξένος ᾖ φίλος ὑμῖν, 58
κεἴ τις ὀφείλῃ τῷ δημοσίῳ, καὶ τούτους ἐγκαταμεῖξαι·

97. Pendant la guerre du Péloponnèse, les Athéniens avaient embauché des mercenaires thraces, cf. Thucydide, II, 96, 2; IV, 28; VII, 27.
98. Les Thraces avaient été enrôlés dans les bataillons de peltastes, c'est-à-dire l'infanterie légère, qui portaient un petit bouclier léger en osier, le pelte, et un javelot, arme de jet.
99. Roi de Thrace ; après avoir épousé Procné, fille de Pandion, roi d'Athènes, il séduit sa belle-sœur, Philomèle, et, pour l'empêcher de le dénoncer, lui coupe la langue. Procné la venge en tuant son propre fils, Itys. Les dieux transformèrent Térée en huppe, Philomèle en hirondelle et Procné en rossignol.

Thrace [97], brandissant un pelte et un javelot [98], costumé comme Térée [99], effrayait la marchande de figues et avalait les olives noires.

LE COMMISSAIRE. — Comment donc serez-vous capables d'apaiser tant de désordre dans le pays et d'y mettre fin ?

LYSISTRATA. — Tout simplement.

LE COMMISSAIRE. — Comment ? Montre.

LYSISTRATA. — Comme nous faisons notre fil : quand il est emmêlé, nous le prenons comme ceci et le soulevons avec nos fuseaux de-ci de-là. De même nous dénouerons cette guerre, si on nous laisse faire, en démêlant l'écheveau au moyen d'ambassades envoyées de-ci de-là.

LE COMMISSAIRE. — Ainsi, c'est avec des laines, du fil et des fuseaux que vous pensez mettre fin à une situation mauvaise ? Quelle bêtise !

LYSISTRATA. — Oui, et si vous aviez quelque bon sens, c'est sur nos laines que vous prendriez exemple pour conduire toutes les affaires.

LE COMMISSAIRE. — Comment donc ? Voyons.

LYSISTRATA. — D'abord il faudrait, comme on fait pour la laine brute lavée dans un bain, après avoir enlevé le suint de la cité, sur un lit, à coups de triques, éliminer les méchants et trier les poils durs ; ceux qui s'agglomèrent [100] et font touffes pour arriver aux charges, ceux-là les séparer à la cardeuse et arracher les têtes une à une ; puis réunir dans une corbeille la bonne volonté commune et générale, en mêlant et les métèques [101] et, à l'étranger, ceux qui nous sont amis, et les débiteurs du trésor [102], les y mêler aussi. Et, par Zeus, quant aux

100. Allusion aux *sunomousiai*, associations politiques à Athènes, souvent à caractère oligarchique.

101. *Xénos* est l'étranger de passage ; le métèque est l'étranger résident qui doit se déclarer aux autorités au bout d'un mois de séjour.

102. Normalement, les citoyens qui ne pouvaient honorer leurs dettes étaient privés de leurs droits civiques, cf. *Grenouilles*, 702 ss.

καὶ νὴ Δία τάς γε πόλεις, ὁπόσαι τῆς γῆς τῆσδ' εἰσὶν ἄποικοι,
διαγιγνώσκειν ὅτι ταῦθ' ἡμῖν ὥσπερ τὰ κατάγματα κεῖται
χωρὶς ἕκαστον· κᾆτ' ἀπὸ τούτων πάντων τὸ κάταγμα λαβόντας
δεῦρο ξυνάγειν καὶ ξυναθροίζειν εἰς ἕν, κἄπειτα ποῆσαι 585
τολύπην μεγάλην κᾆτ' ἐκ ταύτης τῷ δήμῳ χλαῖναν ὑφῆναι.

ΠΡ. Οὔκουν δεινὸν ταυτὶ ταύτας ῥαβδίζειν καὶ τολυπεύειν,
αἷς οὐδὲ μετῆν πάνυ τοῦ πολέμου;

ΛΥ. Καὶ μήν, ὦ παγκατάρατε,
πλεῖν ἢ τὸ διπλοῦν αὐτοῦ φέρομεν. Πρώτιστον μέν γε τεκοῦσαι
κἀκπέμψασαι παῖδας ὁπλίτας —

ΠΡ. Σίγα, μὴ μνησικακήσῃς. 590

ΛΥ. εἶθ' ἡνίκα χρῆν εὐφρανθῆναι καὶ τῆς ἥβης ἀπολαῦσαι,
μονοκοιτοῦμεν διὰ τὰς στρατιάς. Καὶ θἠμέτερον μὲν ἐάσω,
περὶ τῶν δὲ κορῶν ἐν τοῖς θαλάμοις γηρασκουσῶν ἀνιῶμαι.

ΠΡ. Οὔκουν χἄνδρες γηράσκουσιν;

ΛΥ. Μὰ Δί' ἀλλ' οὐκ εἶπας ὅμοιον.
Ὁ μὲν ἥκων γάρ, κἂν ᾖ πολιός, ταχὺ παῖδα κόρην γεγάμηκεν· 595
τῆς δὲ γυναικὸς μικρὸς ὁ καιρός, κἂν τούτου μὴ 'πιλάβηται,
οὐδεὶς ἐθέλει γῆμαι ταύτην, ὀττευομένη δὲ κάθηται.

ΠΡ. Ἀλλ' ὅστις ἔτι στῦσαι δυνατὸς —

ΛΥ. Σὺ δὲ δὴ τί μαθὼν οὐκ ἀποθνῄσκεις;
Χωρίον ἐστίν· σορὸν ὠνήσει· 600
μελιτοῦτταν ἐγὼ καὶ δὴ μάξω.
Λαβὲ ταυτὶ καὶ στεφάνωσαι.

ΚΛ. Καὶ ταυτασὶ δέξαι παρ' ἐμοῦ.

103. Les colons obtenaient la citoyenneté de la cité où ils s'étaient installés, perdant alors leur citoyenneté athénienne.
104. Fantassins qui servaient dans l'infanterie lourde. Au ve siècle, ils étaient souvent issus de la troisième classe censitaire, les zeugites.
105. Offrande aux divinités, aux héros et aux morts.
106. Lors de la *prothésis*, exposition du mort, on entourait sa tête d'une couronne ou de bandelettes, voir *Assemblée des Femmes*, 537-538.
107. Le mot technique *teniai*, "bandelettes", n'est pas utilisé dans ce vers, mais cette traduction est dicté par le contexte funéraire évoqué dans ces vers et par le féminin *tautasi*, qui pourrait les remplacer.

villes peuplées de colons de ce pays [103], il faudrait reconnaître que ce sont pour nous comme autant de brins de laine tombés par terre, chacun de leur côté ; puis prenant à toutes leur fil, l'amener ici, le réunir en une seule masse, en une grosse pelote, et avec celle-ci alors tisser un manteau pour le peuple.

LE COMMISSAIRE. — N'est-ce pas trop fort qu'elles traitent tout cela par triques et pelotes, elles qui n'ont même pas pris la moindre part à la guerre ?

LYSISTRATA. — Et cependant, ô fieffé maudit, nous la supportons plus que doublement, nous qui tout d'abord ayant enfanté des fils les avons envoyés au loin servir comme hoplites [104].

LE COMMISSAIRE. — Tais-toi, ne rappelle pas de mauvais souvenirs.

LYSISTRATA. — Puis, quand nous devrions goûter le plaisir et jouir de notre jeunesse, nous couchons seules, à cause des expéditions militaires. Et je passe ce qui nous regarde ; mais les jeunes filles qui vieillissent dans leur chambre, c'est pour elles que je m'afflige.

LE COMMISSAIRE. — Les hommes ne vieillissent-ils pas aussi ?

LYSISTRATA. — Par Zeus, ce n'est pas la même chose. Un homme, à son retour, fût-il chenu, a vite fait d'épouser une jeune fille. Mais la femme n'a qu'une courte saison ; si elle n'en profite, personne ne veut plus l'épouser, et elle reste là à consulter l'avenir.

Plus vif.

LE COMMISSAIRE. — Mais tout homme encore capable d'érection…

LYSISTRATA. — *(Avec un regard de dédain.)* Mais toi, qu'est-ce qui te prend de ne pas mourir ? Il y a de la place ; tu achèteras un cercueil. Moi je vais de ce pas pétrir un gâteau de miel [105]. Prends ceci. *(Elle lui jette des objets qu'elle a sous la main.)* Et ceins-toi d'une couronne [106].

CLÉONICE. — Reçois aussi les bandelettes [107] que voilà, de ma part. *(Elle lui lance d'autres objets.)*

ΜΥ. Καὶ τουτονγὶ λαβὲ τὸν στέφανον.

ΛΥ. Τοῦ δεῖ; Τί ποθεῖς; Χώρει 'ς τὴν ναῦν· 605
ὁ Χάρων σε καλεῖ,
σὺ δὲ κωλύεις ἀνάγεσθαι.

ΠΡ. Εἶτ' οὐχὶ δεινὸν ταῦτα πάσχειν ἔστ' ἐμέ;
Νὴ τὸν Δί' ἀλλὰ τοῖς προβούλοις ἄντικρυς
ἐμαυτὸν ἐπιδείξω βαδίζων ὡς ἔχω. 610

ΛΥ. Μῶν ἐγκαλεῖς ὅτι οὐχὶ προὐθέμεσθά σε;
'Αλλ' εἰς τρίτην γοῦν ἡμέραν σοι πρῴ πάνυ
ἥξει παρ' ἡμῶν τὰ τρίτ' ἐπεσκευασμένα.

Χ.ΓΕ. Οὐκέτ' ἔργον ἐγκαθεύδειν ὅστις ἔστ' ἐλεύθερος. Str.
'Αλλ' ἐπαποδυώμεθ', ὦνδρες, τουτῳὶ τῷ πράγματι. 615
Ἤδη γὰρ ὄζει ταδὶ πλειόνων
καὶ μειζόνων πραγμάτων μοι δοκεῖ,
καὶ μάλιστ' ὀσφραίνομαι τῆς Ἱππίου τυραννίδος·
καὶ πάνυ δέδοικα μὴ τῶν Λακώνων τινὲς 620
δεῦρο συνεληλυθότες ἄνδρες εἰς Κλεισθένους
τὰς θεοῖς ἐχθρὰς γυναῖκας ἐξεπάρωσιν δόλῳ
καταλαβεῖν τὰ χρήμαθ' ἡμῶν τόν τε μισθόν,
ἔνθεν ἔζων ἐγώ. 625

Δεινὰ γάρ τοι τάσδε γ' ἤδη τοὺς πολίτας νουθετεῖν,
καὶ λαλεῖν γυναῖκας οὔσας ἀσπίδος χαλκῆς πέρι,
καὶ διαλλάττειν πρὸς ἡμᾶς ἀνδράσιν Λακωνικοῖς,
οἷσι πιστὸν οὐδὲν εἰ μή περ λύκῳ κεχηνότι.
'Αλλὰ ταῦθ' ὕφηναν ἡμῖν, ὦνδρες, ἐπὶ τυραννίδι. 630

108. Passeur des morts.
109. Fils de Pisistrate, dernier tyran d'Athènes, cf. note 54.
110. Il ne s'agit pas ici de Clisthène l'Alcméonide, le grand réformateur, mais d'un homosexuel notoire.
111. Au milieu du ve siècle, Périclès a institué une indemnité journalière pour les citoyens qui abandonnaient leur travail pour exercer certaines magistratures. Conçu comme une récompense honorifique, le *misthos* est vite considéré comme un salaire.

MYRRHINE. — Prends encore la couronne que voilà. *(Elle le coiffe de poussière.)*

LYSISTRATA. — Que te manque-t-il ? Que désires-tu ? Va dans la barque. Charon [108] t'appelle ; tu l'empêches de gagner le large.

Les femmes s'écartent. Le Commissaire se secoue.

LE COMMISSAIRE. — Tout de même, n'est-ce pas indigne, la façon dont on me traite, moi ? Mais, par Zeus, je vais directement me montrer aux Commissaires dans l'état où je suis.

Il s'en va.

LYSISTRATA. — C'est-il que tu vas nous accuser de ne pas t'avoir bien « exposé » ? Du moins après-demain de bon matin recevras-tu de nous les offrandes du troisième jour bien préparées.

Elle sort avec Cléonice et Myrrhine.

LE CORYPHÉE. — Il ne s'agit plus d'être endormi pour quiconque est homme libre. Allons, préparons-nous, mes gens, en vue de cette affaire.

LE CHŒUR DES VIEILLARDS. — *Dès maintenant, en effet, tout ceci a comme une odeur de bien d'autres choses plus graves encore, ce me semble. Surtout je flaire la tyrannie d'Hippias* [109] *; et je crains fort que certains Laconiens, venus ici se réunir chez Clisthènes* [110]*, n'excitent artificieusement ces femmes ennemies des dieux à s'emparer de notre argent et du salaire* [111] *dont je vivais, moi.*

LE CORYPHÉE. — Car, voyez-vous, c'est un comble qu'elles aillent maintenant faire des remontrances aux citoyens, qu'elles parlent, elles, des femmes, de boucliers de bronze, et que de plus elles veuillent nous réconcilier avec les Lacédémoniens, auxquels il ne faut point se fier, pas plus qu'au loup à la gueule béante. Tout cela, mes gens, n'est qu'une trame ourdie en vue de la tyrannie. Mais moi, elles ne me tyranniseront pas ; car je serai sur mes gardes et désormais

Ἀλλ' ἐμοῦ μὲν οὐ τυραννεύσουσ', ἐπεὶ φυλάξομαι
καὶ « φορήσω τὸ ξίφος » τὸ λοιπὸν « ἐν μύρτου κλαδί, »
ἀγοράσω τ' ἐν τοῖς ὅπλοις ἑξῆς Ἀριστογείτονι,
ὧδέ θ' ἑστήξω παρ' αὐτόν· αὐτὸ γάρ μοι γίγνεται
τῆς θεοῖς ἐχθρᾶς πατάξαι τῆσδε γραὸς τὴν γνάθον. 635

Χ.ΓΥ. Οὐκ ἄρ' εἰσιόντα σ' οἴκαδ' ἡ τεκοῦσα γνώσεται. Ant.
Ἀλλὰ θώμεσθ', ὦ φίλαι γρᾶες, ταδὶ πρῶτον χαμαί.
Ἡμεῖς γάρ, ὦ πάντες ἀστοί, λόγων
κατάρχομεν τῇ πόλει χρησίμων·
εἰκότως, ἐπεὶ χλιδῶσαν ἀγλαῶς ἔθρεψέ με· 640
Ἑπτὰ μὲν ἔτη γεγῶσ' εὐθὺς ἠρρηφόρουν·
εἶτ' ἀλετρὶς ἢ δεκέτις οὖσα τἀρχηγέτι·
κᾆτ' ἔχουσα τὸν κροκωτὸν ἄρκτος ἢ Βραυρωνίοις· 645
κἀκανηφόρουν ποτ' οὖσα παῖς καλὴ 'χουσ'
ἰσχάδων ὁρμαθόν.

Ἆρα προὐφείλω τι χρηστὸν τῇ πόλει παραινέσαι;
Εἰ δ' ἐγὼ γυνὴ πέφυκα, τοῦτο μὴ φθονεῖτέ μοι,
ἢν ἀμείνω γ' εἰσενέγκω τῶν παρόντων πραγμάτων. 650
Τοὐράνου γάρ μοι μέτεστι· καὶ γὰρ ἄνδρας εἰσφέρω.
Τοῖς δὲ δυστήνοις γέρουσιν οὐ μέτεσθ' ὑμῖν, ἐπεὶ
τὸν ἔρανον τὸν λεγόμενον παππῷον ἐκ τῶν Μηδικῶν
εἶτ' ἀναλώσαντες οὐκ ἀντεισφέρετε τὰς εἰσφοράς,
ἀλλ' ὑφ' ὑμῶν διαλυθῆναι προσέτι κινδυνεύομεν. 655
Ἆρα γρυκτόν ἐστιν ὑμῖν; Εἰ δὲ λυπήσεις τί με,
τῷδέ σ' ἀψήκτῳ πατάξω τῷ κοθόρνῳ τὴν γνάθον.

112. Les femmes parodient ici les chansons de table que les Athéniens chantaient en l'honneur des tyrannicides Harmodios et Aristogiton.
113. Les *arrhéphores*, appartenant probablement à des familles importantes d'Athènes, devaient aider les ergastines* à broder le péplos* d'Athéna, qui serait offert à la déesse lors des Panathénées*. Elles participaient à une sorte de mystère, transportant de nuit des objets, tenus rigoureusement secrets, de l'Acropole vers le temple d'Aphrodite. *Broyer du grain...* : les grains venaient d'un champ sacré et étaient

Je porterai mon glaive en un rameau de myrte [112] ;
je me tiendrai sur l'Agora en armes à la suite d'Aristogiton et je me tiendrai comme ceci *(Pose de statue levant le poing)* près de lui, car justement me vient l'occasion de porter à cette vieille haïe des dieux un coup sur la mâchoire.

LA CORYPHÉE. — Oh ! alors, quand tu rentreras chez toi, ta mère ne te reconnaîtra pas ! — Mais, chères vieilles, posons d'abord tout ceci à terre. *(Elles déposent leurs manteaux.)*

LE CHŒUR DES FEMMES. — *Écoutez tous, ô citoyens, car nous abordons un sujet utile à la cité ; c'est naturel, puisqu'elle m'a nourrie dans le luxe et l'éclat. Dès l'âge de sept ans, j'étais arréphore ; à dix ans, je broyais le grain pour notre Patronne ; puis, revêtue de la crocote, je fus « ourse » aux Brauronies. Enfin, devenue grande et belle fille, je fus canéphore et portai un collier de figues sèches* [113].

LA CORYPHÉE. — Dès lors, ne dois-je pas donner à la cité de sages conseils ? Si je suis née femme, ne m'en faites pas un crime, du moment que je fais des propositions meilleures que ce qui se fait en ce moment. Je paie ma quote-part en donnant des hommes. Vous, tristes vieillards que vous êtes, nulle est votre part : car le fonds dit des aïeux, datant des guerres Médiques, vous l'avez dépensé sans payer en retour les contributions de guerre ; et nous risquons en outre d'être ruinées par vous. Avez-vous un mot à répondre ?... Que si tu m'agaces, je vais de ce cothurne non tanné te donner sur la mâchoire.

LE CHŒUR DES VIEILLARDS. — *Eh bien voilà ! N'est-ce pas que « ce qui se fait » est de l'insolence en plein ?*

broyés pour la fabrication de gâteaux que l'on offrait à Athéna, la Patronne. *Les ourses* : fillettes attachées au culte d'Artémis Brauronia qui se déroulait à Brauron, un dème d'Attique. On les appelait ourses en souvenir de l'animal consacré à cette divinité. *Canéphore* : jeune fille qui, lors des processions, portait les corbeilles où l'on cachait parmi les graines ou les gâteaux le couteau qui servirait au sacrifice.

Χ.ΓΕ. Ταῦτ' οὖν οὐχ ὕβρις τὰ πράγματ' Str.
ἐστὶ πολλή; κἀπιδώσειν
μοι δοκεῖ τὸ χρῆμα μᾶλλον. 660
Ἀλλ' ἀμυντέον τὸ πρᾶγμ' ὅστις γ' ἐνόρχης ἔστ' ἀνήρ.
Ἀλλὰ τὴν ἐξωμίδ' ἐκδυώμεθ', ὡς τὸν ἄνδρα δεῖ
ἀνδρὸς ὄζειν εὐθύς, ἀλλ' οὐκ ἐντεθριῶσθαι πρέπει.
Ἀλλ' ἄγετε λευκόποδες, οἵπερ ἐπὶ
Λειψύδριον ἤλθομεν ὅτ' ἦμεν ἔτι, 665
νῦν δεῖ, νῦν ἀνηβῆσαι πάλιν κἀναπτερῶσαι
πᾶν τὸ σῶμα κἀποσείσασθαι τὸ γῆρας τόδε. 670

Εἰ γὰρ ἐνδώσει τις ἡμῶν ταῖσδε κἂν σμικρὰν λαβήν,
οὐδὲν ἐλλείψουσιν αὗται λιπαροῦς χειρουργίας,
ἀλλὰ καὶ ναῦς τεκτανοῦνται, κἀπιχειρήσουσ' ἔτι
ναυμαχεῖν καὶ πλεῖν ἐφ' ἡμᾶς, ὥσπερ Ἀρτεμισία. 675
Ἢν δ' ἐφ' ἱππικὴν τράπωνται, διαγράφω τοὺς ἱππέας·
ἱππικώτατον γάρ ἐστι χρῆμα κἄποχον γυνή,
κοὐκ ἂν ἀπολίσθοι τρέχοντος. Τὰς Ἀμαζόνας σκόπει,
ἃς Μίκων ἔγραψ' ἐφ' ἵππων μαχομένας τοῖς ἀνδράσιν.
Ἀλλὰ τούτων χρῆν ἁπασῶν εἰς τετρημένον ξύλον 680
ἐγκαθαρμόσαι λαβόντας τουτονὶ τὸν αὐχένα.

Χ.ΓΥ. Εἰ νὴ τὼ θεώ με ζωπυ- Ant.
ρήσεις, λύσω τὴν ἐμαυτῆς
ὗν ἐγὼ δή, καὶ ποήσω
τήμερον τοὺς δημότας βωστρεῖν σ' ἐγὼ πεκτούμενον. 685
Ἀλλὰ χἠμεῖς, ὦ γυναῖκες, θᾶττον ἐκδυώμεθα,
ὡς ἂν ὄζωμεν γυναικῶν αὐτοδὰξ ὠργισμένων.

114. Lieu d'Attique, sur le flanc sud du Parnès, où les partisans des tyrans et leurs opposants, guidés par la famille des Alcméonides, livrèrent bataille en 513, après la mort d'Hipparque. Malgré la valeur des

Et le mal, j'en ai idée, ne fera que croître. Mais il faut que le fléau soit repoussé par quiconque est un homme... entier. Mais ôtons notre exomide : il faut qu'un homme sente l'homme d'emblée ; il ne lui sied pas d'être empaqueté. Eh bien ! en avant, pieds nus, nous qui allâmes à Lipsydrion* [114] *quand nous comptions encore, c'est maintenant, maintenant qu'il nous faut rajeunir, donner des ailes à tout notre corps et secouer notre vieillesse.*

LE CORYPHÉE. — Car si l'un de nous leur cède et donne la moindre prise, il n'est rien que ces gaillardes n'entreprennent de leurs mains tenaces : elles feront construire des vaisseaux, elles iront jusqu'à vouloir combattre sur mer et fondre sur nous, comme Artémise [115]. Que si elles se tournent vers l'équitation, je biffe nos rôles de cavaliers. Car comme cavalière la femme excelle et se tient ferme ; elle ne glisse point, même au galop [116]. Vois plutôt les Amazones que Micon a peintes à cheval, combattant contre les hommes [117]. Allons, il faut nous assurer de toutes et adapter un carcan [118] à tous ces cous-là.

LE CHŒUR DES FEMMES. — *Par les deux déesses, si tu*

opposants à la tyrannie, leur échec y fut cuisant. Cf. Hérodote, V, 62.

115. Reine de Carie qui régnait sur Halicarnasse, Cos, Nisyros et Calyndos sous la suzeraineté perse. Elle fit construire une flotte et la commanda pour secourir Xerxès lors de son expédition contre les Grecs en 480. Elle était très appréciée du Grand Roi pour les conseils habiles qu'elle lui prodiguait. Cf. Hérodote, VII, 99; VIII, 87-88.

116. Allusion à la position où la femme chevauche l'homme. Cf. v. 60 et *Guêpes*, 501.

117. Les Amazones sont des guerrières mythiques ennemies des hommes. Allusion ici à leur invasion de l'Attique et à leur défaite face à Thésée sous les murs de l'Acropole. Il y avait plusieurs représentations de ce combat à Athènes. Micon, fils de Phanomachos, un des plus grands peintres du ve siècle, à l'époque de Cimon, est l'auteur d'une amazonomachie célèbre sur le portique Poecile (Pausanias, I, 15, 2).

118. Certains criminels, souvent voleurs, étaient attachés à une planche par leurs mains, pieds ou tête (Cavaliers, 1048-9; *Nuées*, 592).

Νῦν πρὸς ἔμ' ἴτω τις, ἵνα μήποτε φά-
γῃ σκόροδα, μηδὲ κυάμους μέλανας. 690
Ὡς εἰ καὶ μόνον κακῶς ἐρεῖς, — ὑπερχολῶ γάρ, —
αἰετὸν τίκτοντα κάνθαρός σε μαιεύσομαι. 695

Οὐ γὰρ ὑμῶν φροντίσαιμ' ἄν, ἢν ἐμοὶ ζῇ Λαμπιτὼ
ἥ τε Θηβαία φίλη παῖς εὐγενὴς Ἰσμηνία.
Οὐ γὰρ ἔσται δύναμις, οὐδ' ἢν ἑπτάκις σὺ ψηφίσῃ,
ὅστις, ὦ δύστην', ἀπήχθου πᾶσι καὶ τοῖς γείτοσιν.
Ὥστε κἀχθὲς θἠκάτῃ ποιοῦσα παιγνίαν ἐγὼ 700
ταῖσι παισὶ τὴν ἑταίραν ἐκάλεσ' ἐκ τῶν γειτόνων,
παῖδα χρηστὴν κἀγαπητὴν ἐκ Βοιωτῶν ἔγχελυν,
οἱ δὲ πέμψειν οὐκ ἔφασκον διὰ τὰ σὰ ψηφίσματα.
Κοὐχὶ μὴ παύσησθε τῶν ψηφισμάτων τούτων, πρὶν ἂν
τοῦ σκέλους ὑμᾶς λαβών τις ἐκτραχηλίσῃ φέρων. 705

Ἄνασσα πράγους τοῦδε καὶ βουλεύματος,
τί μοι σκυθρωπὸς ἐξελήλυθας δόμων;

ΛΥ. Κακῶν γυναικῶν ἔργα καὶ θήλεια φρὴν
ποεῖ μ' ἄθυμον περιπατεῖν ἄνω κάτω.

Χ.ΓΥ. Τί φῄς; Τί φῄς;

ΛΥ. Ἀληθῆ, ἀληθῆ. 710

Χ.ΓΥ. Τί δ' ἐστὶ δεινόν; Φράζε ταῖς σαυτῆς φίλαις.

ΛΥ. Ἀλλ' αἰσχρὸν εἰπεῖν καὶ σιωπῆσαι βαρύ.

Χ.ΓΥ. Μή νύν με κρύψῃς ὅ τι πεπόνθαμεν κακόν.

ΛΥ. Βινητιῶμεν, ἧ βράχιστον τοῦ λόγου. 715

Χ.ΓΥ. Ἰὼ Ζεῦ.

119. C'est-à-dire : je donnerai libre cours à ma violente colère. Dans la comédie, *us*, "laie", est souvent utilisé pour dire le sexe de la femme.
120. À partir des réformes de Clisthène, le dème, circonscription territoriale, devient aussi une circonscription administrative dotée d'assemblées, de magistrats, de cultes.
121. Allusion à la fable d'Ésope, L'Aigle et l'Escarbot. Pour se venger de l'aigle qui a mangé ses petits, l'escarbot casse les œufs de l'aigle. Déjà utilisé dans les *Guêpes*, 1448 et dans la *Paix*, 129.

m'échauffes la bile, je lâcherai du coup la laie [119] *qui est en moi, et ferai qu'aujourd'hui tu crieras après ceux de ton dème* [120]*, sous la peignée que je te donnerai. Mais nous aussi, femmes, vite, dévêtons-nous, que nous sentions la femme en colère à se mordre elle-même. Ça, qu'il en vienne un, pour que je lui fasse passer le goût de l'ail et des fèves noires. Sache que si seulement tu parles mal de moi (car ma colère déborde), comme l'escarbot fait de l'aigle qui pond* [121]*, ainsi je t'accoucherai.*

LA CORYPHÉE. — Car je n'aurai cure de vous tant que vivra ma chère Lampito et ma jeune amie béotienne, la noble Isménia [122]. Tu ne pourras rien sur nous, quand tu ferais sept décrets, malheureux qui t'es fait haïr de tous et des voisins. C'est au point qu'hier encore, comme je donnais une fête en l'honneur d'Hécate, j'avais invité dans le voisinage la camarade de mes enfants, une bonne et aimable fille, une anguille [123] de Béotie. On refusa de me l'envoyer, à cause de tes décrets ! Et jamais vous ne cesserez de faire de pareils décrets, tant que, vous prenant par une jambe, on ne vous rompra pas le cou en vous précipitant.

A Lysistrata, qui sort de la citadelle.

Reine, toi qui régis nos desseins et nos actes,
Pourquoi ce regard sombre en sortant de ces murs [124] ?

LYSISTRATA. — Mauvaises femmes ! Leurs actions et leur cœur de femelles me découragent et me font aller et venir en tous sens.

LA CORYPHÉE. — Que dis-tu ? Que dis-tu ?

LYSISTRATA. — La vérité, la vérité.

122. Nom de la Béotienne qui fait partie du complot des femmes. Ce nom est très parlant, car le chef du parti démocratique thébain, favorable à Athènes, se nommait Isménias.

123. Cf. v. 36 et note. Allusion probable au sacrifice du mulet, *triglé*, par lequel on honorait Hécate (Athénée, 325a), remplacé ici par les anguilles dont rêvent les Athéniens.

ΛΥ. Τί Ζῆν' ἀυτεῖς; Ταῦτα δ' οὖν οὕτως ἔχει.
'Εγὼ μὲν οὖν αὐτὰς ἀποσχεῖν οὐκέτι
οἵα τ' ἀπὸ τῶν ἀνδρῶν· διαδιδράσκουσι γάρ.
Τὴν μέν γε πρώην διαλέγουσαν τὴν ὀπὴν 720
κατέλαβον ᾗ τοῦ Πανός ἐστι ταὐλίον,
τὴν δ' ἐκ τροχιλείας αὖ κατειλυσπωμένην,
τὴν δ' αὐτομολοῦσαν· τὴν δ' ἐπὶ στρούθου μίαν
ἤδη πέτεσθαι διανοουμένην κάτω
εἰς 'Ορσιλόχου χθὲς τῶν τριχῶν κατέσπασα. 725
Πάσας τε προφάσεις ὥστ' ἀπελθεῖν οἴκαδε
ἕλκουσιν. 'Ηδὶ γοῦν τις αὐτῶν ἔρχεται.
Αὕτη σύ, ποῖ θεῖς;

ΓΥΝΗ Α'

Οἴκαδ' ἐλθεῖν βούλομαι.
Οἴκοι γάρ ἐστιν ἔριά μοι Μιλήσια
ὑπὸ τῶν σέων κατακοπτόμενα. 730

ΛΥ. Ποίων σέων;
Οὐκ εἶ πάλιν;

ΓΥ. Α' 'Αλλ' ἥξω ταχέως νὴ τὼ θεὼ
ὅσον διαπετάσασ' ἐπὶ τῆς κλίνης μόνον.

ΛΥ. Μὴ διαπετάννυ, μηδ' ἀπέλθῃς μηδαμῇ.

ΓΥ. Α' 'Αλλ' ἐῶ 'πολέσθαι τἄρι';

ΛΥ. Ἢν τούτου δέῃ.

ΓΥΝΗ Β'

Τάλαιν' ἐγώ, τάλαινα τῆς ἀμόργιδος, 735

125. Parodie d'un vers d'Euripide, selon le scholiaste.
126. Cette grotte se trouvait sur le flanc nord de l'Acropole.
127. Coureur de jupons, selon le scholiaste.
128. Ville de la côte de l'Asie Mineure, Milet était réputée pour la fabrication de laine et de manteaux luxueux, cf. *Grenouilles*, v. 542.
129. Expression à double sens. On étendait les couvertures sur les lits et on les plaçait au soleil pour faire partir les vers. Par ces mots, cette femme indique son état de frustration sexuelle.

LA CORYPHÉE. — Que se passe-t-il de grave ? Dis-le à tes amies.

LYSISTRATA. — Ah ! c'est honteux à dire et difficile à taire [125].

LA CORYPHÉE. — Ne me cache donc pas le mal qui nous arrive.

LYSISTRATA. — Nous sommes en folie, pour parler court.

LA CORYPHÉE. — Ah ! Zeus.

LYSISTRATA. — Pourquoi crier Zeus ? Oui, les choses en sont là. Moi je ne suis plus capable de les tenir éloignées de leurs maris ; elles s'évadent. J'en ai surpris une, tout à l'heure, qui élargissait l'ouverture du côté où se trouve la grotte de Pan [126] ; une autre se laissait glisser à l'aide d'une poulie ; une autre passait à l'ennemi ; une, même, sur un moineau songeait déjà à s'abattre hier sur la maison d'Orsilochos [127], lorsque par les cheveux je la tirai en arrière. Il n'y a pas de prétextes qu'elles ne cherchent pour s'en aller chez elles. Justement en voici une qui vient. Holà ! Où cours-tu ?

PREMIÈRE FEMME. — Je veux aller chez moi. J'ai à la maison des laines de Milet [128] qui se rongent aux vers.

LYSISTRATA. — Aux vers ? Veux-tu bien rentrer ?

PREMIÈRE FEMME. — Mais je reviendrai vite, par les deux déesses : rien que le temps d'étendre sur le lit [129]...

LYSISTRATA. — N'étends rien, et garde-toi de t'en aller.

PREMIÈRE FEMME. — Mais veux-tu que je laisse se perdre mes laines ?

LYSISTRATA. — S'il le faut.

DEUXIÈME FEMME. — Malheureuse que je suis, malheureuse ! Mon lin que j'ai laissé à la maison non teillé [130] !

130. Équivoque: le mot *alopos*, "non teillé", dérive du verbe *lepein*, "peler", "écorcher". La femme indique qu'il lui fallait broyer l'écorce de la tige du lin, le débarrasser de la teille, puis le transformer en filasse avant de tisser; l'image fait aussi allusion à la masturbation.

ἣν ἄλοπον οἴκοι καταλέλοιφ'.

ΛΥ. Αὕτη 'τέρα

ἐπὶ τὴν ἄμοργιν τὴν ἄλοπον ἐξέρχεται.

Χώρει πάλιν δεῦρ'.

ΓΥ. Β' Ἀλλὰ νὴ τὴν Φωσφόρον

ἔγωγ' ἀποδείρασ' αὐτίκα μάλ' ἀνέρχομαι.

ΛΥ. Μή, μἀποδείρῃς· ἢν γὰρ ἄρξῃς τουτουί, 740

ἑτέρα γυνὴ ταὐτὸν ποεῖν βουλήσεται.

ΓΥΝΗ Γ'

Ὦ πότνι' Ἰλείθυ', ἐπίσχες τοῦ τόκου

ἕως ἂν εἰς ὅσιον μόλω 'γὼ χωρίον.

ΛΥ. Τί ταῦτα ληρεῖς;

ΓΥ. Γ' Αὐτίκα μάλα τέξομαι.

ΛΥ. Ἀλλ' οὐκ ἐκύεις σύ γ' ἐχθές.

ΓΥ. Γ' Ἀλλὰ τήμερον. 745

Ἀλλ' οἴκαδέ μ' ὡς τὴν μαῖαν, ὦ Λυσιστράτη,

ἀπόπεμψον ὡς τάχιστα.

ΛΥ. Τίνα λόγον λέγεις;

Τί τοῦτ' ἔχεις τὸ σκληρόν;

ΓΥ. Γ' Ἄρρεν παιδίον.

ΛΥ. Μὰ τὴν Ἀφροδίτην οὐ σύ γ' ἀλλ' ἢ χαλκίον

ἔχειν τι φαίνει κοῖλον· εἴσομαι δ' ἐγώ. 750

Ὦ καταγέλαστ', ἔχουσα τήνδ' ἱερὰν κυνῆν

κυεῖν ἔφασκες;

ΓΥ. Γ' Καὶ κυῶ γε νὴ Δία.

LYSISTRATA. — En voilà une autre qui sort pour aller trouver son lin non teillé ! — Rentre ici.

DEUXIÈME FEMME. — Mais, par la déesse Porte-Lumière, je ne fais qu'ôter l'enveloppe et reviens à l'instant.

LYSISTRATA. — Non, n'ôte pas. Car, si tu commences une autre voudra faire de même.

TROISIÈME FEMME. — Ô auguste Ilthye [131], retarde l'enfantement jusqu'à ce que j'arrive dans un lieu profane [132].

LYSISTRATA. — Que radotes-tu là ?

TROISIÈME FEMME. — À l'instant même je vais accoucher.

LYSISTRATA. — Mais tu n'étais pas enceinte hier.

TROISIÈME FEMME. — Je le suis aujourd'hui [133]. Laisse-moi rentrer chez moi, Lysistrata, que j'aille trouver la sage-femme au plus vite.

LYSISTRATA. — Quel conte nous fais-tu ? *(Lui tâtant le ventre.)* Qu'as-tu là de dur ?

TROISIÈME FEMME. — Un petit garçon.

LYSISTRATA. — Non, par Aphrodite, que non ! On dirait plutôt quelque objet d'airain creux. Je vais le savoir. *(Ouvrant le manteau.)* Ô cocasse, avec le casque sacré [134] ! Et tu te disais enceinte !

TROISIÈME FEMME. — Oui, je suis enceinte, par Zeus.

131. Fille de Zeus et d'Héra, déesse qui préside à l'accouchement et la naissance, souvent associée à Artémis.

132. Il était interdit de faire l'amour, d'accoucher ou de mourir dans un lieu sacré. Or, l'Acropole était le lieu sacré par excellence à Athènes.

133. Procédé comique utilisé aussi en *Thesmophories*, v. 637-642.

134. Le casque d'Athéna Promachos. Ce type de vol serait dans d'autres circonstances tenu pour sacrilège et entraînerait la mise à mort du coupable. Il convient de souligner qu'il était impossible d'arracher le casque de la statue de la déesse, mais cela ne gêne nullement Aristophane, puisque dans la comédie la fantaisie est à l'honneur;. il s'amuse aussi à faire un jeu de mots ici sur *kuné*, "casque" et *kuein*, "être enceinte".

ΛΥ. Τί δῆτα ταύτην εἶχες;
ΓΥ. Γ' Ἵνα μ' εἰ καταλάβοι
ὁ τόκος ἔτ' ἐν πόλει, τέκοιμ' εἰς τὴν κυνῆν
εἰσβᾶσα ταύτην, ὥσπερ αἱ περιστεραί. 755
ΛΥ. Τί λέγεις; Προφασίζει· περιφανῆ τὰ πράγματα.
Οὐ τἀμφιδρόμια τῆς κυνῆς αὐτοῦ μενεῖς;
ΓΥ. Γ' Ἀλλ' οὐ δύναμαι 'γωγ' οὐδὲ κοιμᾶσθ' ἐν πόλει,
ἐξ οὗ τὸν ὄφιν εἶδον τὸν οἰκουρόν ποτε.
ΓΥ. Δ' Ἐγὼ δ' ὑπὸ τῶν γλαυκῶν γε τάλαιν' ἀπόλλυμαι 760
ταῖς ἀγρυπνίαισι κικκαβαζουσῶν ἀεί.
ΛΥ. Ὦ δαιμόνιαι, παύσασθε τῶν τερατευμάτων.
Ποθεῖτ' ἴσως τοὺς ἄνδρας· ἡμᾶς δ' οὐκ οἴει
ποθεῖν ἐκείνους; Ἀργαλέας γ' εὖ οἶδ' ὅτι
ἄγουσι νύκτας. Ἀλλ' ἀνάσχεσθ', ὦγαθαί, 765
καὶ προσταλαιπωρήσατ' ἔτ' ὀλίγον χρόνον·
ὡς χρησμὸς ἡμῖν ἐστιν ἐπικρατεῖν, ἐὰν
μὴ στασιάσωμεν. Ἔστι δ' ὁ χρησμὸς οὑτοσί.
ΓΥ. Γ' Λέγ' αὐτὸν ἡμῖν ὅ τι λέγει.
ΛΥ. Σιγᾶτε δή.
Ἀλλ' ὁπόταν πτήξωσι χελιδόνες εἰς ἕνα χῶρον, 770
τοὺς ἔποπας φεύγουσαι, ἀπόσχωνταί τε φαλήτων,
παῦλα κακῶν ἔσται, τὰ δ' ὑπέρτερα νέρτερα θήσει
Ζεὺς ὑψιβρεμέτης —
ΓΥ. Γ' Ἐπάνω κατακεισόμεθ' ἡμεῖς;

135. Les "amphidromies du casque": expression comique pour les "amphidromies de l'enfant". En disant ces mots, Lysistrata a pris le casque de dessous le manteau de la femme et le montre au public. "Amphidromies" signifie littéralement "courses autour". Quelques

LYSISTRATA. — Alors, pourquoi portes-tu cela ?

TROISIÈME FEMME. — Si les douleurs me prennent dans l'Acropole, j'entrerai dans le casque pour accoucher, comme font les pigeons.

LYSISTRATA. — Que dis-tu ? Prétextes ; la chose est toute claire. Attends ici qu'on fasse les amphidromies[135] du casque.

TROISIÈME FEMME. — Mais je ne puis pas même dormir dans l'Acropole, depuis que j'ai vu le serpent gardien[136].

QUATRIÈME FEMME. — Et moi, malheureuse, ce sont les chouettes qui me font mourir d'insomnie avec leurs « kikkabau » sans fin.

LYSISTRATA. — Sottes, assez de hâbleries ! Vous désirez sans doute vos maris ; et nous *(S'adressant à l'une des femmes)*, crois-tu qu'ils ne nous désirent pas, eux ! Ah ! elles sont cruelles, je le sais, les nuits qu'ils passent. — Mais tenez bon, mes braves, et continuez à patienter encore un peu. Car un oracle nous promet la victoire si nous ne nous divisons pas. Et cet oracle, le voici.

TROISIÈME FEMME. — Dis-le-nous. Que dit-il ?

LYSISTRATA. — Faites silence, alors *(Lisant.)*

jours (cinq, selon Suidas, *s.v.*, dix, suivant le scholiaste) après sa naissance, on allait porter l'enfant çà et là chez les voisins pour le leur faire voir, puis autour du foyer domestique. En même temps se purifiaient les femmes qui avaient assisté l'accouchée, les voisins envoyaient des cadeaux et la fête se terminait par un festin.

136. Une légende rapportait qu'un serpent était gardien de l'Acropole et habitait l'Érechthéion ou temple d'Érechthée. Ce serpent avait été représenté par Phidias sur le bouclier d'Athéna. On lui offrait à chaque nouvelle lune un gâteau au miel. Un jour, à l'approche de Xerxès, le serpent, au dire de la prêtresse, n'aurait pas accepté ce gâteau, et c'est pourquoi la déesse elle-même avait abandonné sa ville (Hérodote, VIII, 41, Plutarque, *Thémistocle*, 10). Ni Hérodote, au ton de son récit, ni les contemporains d'Aristophane ne croyaient à l'existence de ce serpent; c'est ce qui rend risible ici l'assertion de la bonne femme, aussi extravagante que si quelqu'un aujourd'hui disait qu'il a vu le diable ou la vouivre !

ΛΥ. ἢν δὲ διαστῶσιν καὶ ἀνάπτωνται πτερύγεσσιν
ἐξ ἱεροῦ ναοῖο χελιδόνες, οὐκέτι δόξει 775
ὄρνεον οὐδ' ὁτιοῦν καταπυγωνέστερον εἶναι.

ΓΥ. Γ' Σαφής γ' ὁ χρησμὸς νὴ Δί'. Ὦ πάντες θεοί.

ΛΥ. Μή νυν ἀπείπωμεν ταλαιπωρούμεναι,
ἀλλ' εἰσίωμεν. Καὶ γὰρ αἰσχρὸν τουτογί,
ὦ φίλταται, τὸν χρησμὸν εἰ προδώσομεν. 780

Χ.ΓΕ. Μῦθον βούλομαι λέξαι τιν' ὑμῖν, Str.
ὅν ποτ' ἤκουσ' αὐτὸς ἔτι παῖς ὤν.
Οὕτως ἦν νεανίσκος Μελανίων τις, ὃς φεύ- 785
γων γάμον ἀφίκετ' ἐς ἐρημίαν, κἀν
τοῖς ὄρεσιν ᾤκει·
κᾆτ' ἐλαγοθήρει
πλεξάμενος ἄρκυς, 790
[καὶ κύνα τιν' εἶχεν]
κοὐκέτι κατῆλθε πάλιν οἴκαδ' ὑπὸ μίσους.
Οὕτω τὰς γυναῖκας ἐβδελύχθη κεῖνος, ἡμεῖς δ' 795
οὐδὲν ἧττον τοῦ Μελανίωνος, οἱ σώφρονες.

ΓΕ. Βούλομαί σε, γραῦ, κύσαι —

ΓΥ. Κρομμύων τἄρ' οὐ σε δεῖ.

ΓΕ. κἀνατείνας λακτίσαι.

ΓΥ. Τὴν λόχμην πολλὴν φορεῖς. 800

137. Dans le langage oraculaire, les hirondelles représentent souvent les êtres humains. Cependant, en argot, *chelidon* était le sexe de la femme (cf. Pollux, II, 174 ; Suidas, X, 185). Cet oracle rappelle la légende de Procné (l'hirondelle) et de Térée (la huppe). *Phalès* fait référence à l'oiseau *phaleris* (cf. Oiseaux, 565) et surtout au phallus.
138. Héros mythique qui aurait battu Atalante à la course, obtenant ainsi sa main, cf. Apollodore, III, 9, 6. Avant Aristophane, nous ne trouvons aucune mention de sa haine des femmes.
139. Certains commentateurs pensent qu'Aristophane veut dire que les

Mais quand au même endroit hirondelles [137],
blotties,
Devant huppes fuyant, du phallos s'abstiendront,
Lors leurs maux cesseront ;
Toutes choses seront
Dessus dessous interverties.
Par Zeus tonnant là-haut...

TROISIÈME FEMME. — Et nous serons dessus ?

LYSISTRATA.

Mais que, se divisant, les mêmes hirondelles
Hors du temple sacré s'enlèvent sur leurs ailes,
L'on ne comptera plus
Aucunes oiseaux qu'elles plus dissolus.

TROISIÈME FEMME. — L'oracle est clair, par Zeus. Ah ! grands dieux !

LYSISTRATA. — Ne faiblissons donc point dans cette dure épreuve ; mais rentrons. Car il serait honteux, pour le coup, mes bien aimées, de manquer à l'oracle.

Toutes rentrent.

CHŒUR DES VIEILLARDS. — *Il est une histoire que je veux vous conter et que j'ai entendue moi-même étant enfant. Il y avait comme cela un jeune homme, un certain Mélanion*[138]*. qui, fuyant le mariage, s'en fut en un désert. Il habitait dans les montagnes et chassait au lièvre avec des filets qu'il avait tressés ; et jamais plus il ne revint chez lui, par haine, tant il avait les femmes en horreur. Et nous, nous ne le cédons en rien à Mélanion, nous, les sages.*

UN VIEILLARD. — *Je veux, la vieille, te baiser...*

LA FEMME. — *Alors tu n'as pas besoin d'oignons* [139].

LE VIEILLARD. — ... *lever la jambe et donner du pied.* (Il fait le geste.)

LA FEMME. — *L'épais fourré que tu portes là.*

femmes feront pleurer les hommes même, sans oignons. On peut voir aussi dans cette allusion une critique de l'odeur d'oignons que dégagent les hommes, odeur peu favorable aux idylles.

ΓΕ. Καὶ Μυρωνίδης γὰρ ἦν
τραχὺς ἐντεῦθεν μελάμπυ-
γός τε τοῖς ἐχθροῖς ἐπᾴσσειν·
ὣς δὲ καὶ Φορμίων. 804

Χ.ΓΥ. Κἀγὼ βούλομαι μῦθόν τιν' ὑμῖν Ant.
ἀντιλέξαι τῷ Μελανίωνι.
Τίμων ἦν τις ἀίδρυτος ἀβάτοισι τὸ πρόσ-
ωπον εὖ σκώλοισι περιειργμένος, Ἐ- 810
ρινύων ἀπορρώξ.
Οὗτος οὖν ὁ Τίμων
ᾤχεθ' ὑπὸ μίσους
πολλὰ καταρασάμενος ἀνδράσι πονηροῖς. 815
Οὕτω κεῖνος ἡμῖν ἀντεμίσει τοὺς πονηροὺς
ἄνδρας ἀεί, ταῖσι δὲ γυναιξὶν ἦν φίλτατος. 820

ΓΥ. Τὴν γνάθον βούλει θένω;

ΓΕ. Μηδαμῶς· ἔδεισα γάρ.

ΓΥ. Ἀλλὰ κρούσω τῷ σκέλει;

ΓΕ. Τὸν σάκανδρον ἐκφανεῖς.

ΓΥ. Ἀλλ' ὅμως ἂν οὐκ ἴδοις 825
καίπερ οὔσης γραὸς ὄντ' αὐτὸν κομήτην, ἀλλ' ἀπεψι-
λωμένον τῷ λύχνῳ.

140. Myronidès est encore cité *Assemblée des Femmes*, 823. Ambassadeur en 479, il combattit comme stratège à Platées, en 459 à Mégare, fut vainqueur à Œnophytes et envahit la Béotie.

141. C'est-à-dire qu'il fut la terreur de ses ennemis. Les "fesses noires", c'est-à-dire couvertes de poils, étaient un signe de force; cf. *Thesmophories*, 31 ; Archiloque, fr. 110 Bergk ; Hérodote VII, 216 ; Eubule, fr. 61. C'était l'attribut des Cercopes ou hommes-singes (Hérodote, *ibid.*) et d'Héraclès. *Leukopugos*, "fesse blanche", signifiait la mollesse; cf. Alexis, fr. 321.

142. Brillant tacticien et amiral athénien dont la bravoure au début de la guerre, à Patrai et à Naupacte, a garanti la suprématie maritime à Athènes. Comme Myronidès, il est comparé à Héraclès et loué ici pour sa force et pour ses exploits, cf. Thucydide, II, 83-92.

LE VIEILLARD. — *Myronidès* [140] *aussi était velu de là, un vrai cul-noir* [141] *pour sauter sur l'ennemi ; comme aussi Phormion* [142].

LE CHŒUR DES FEMMES. — *Moi aussi je veux vous conter une histoire, en réponse à votre Mélanion. Il y avait un certain Timon* [143], *sans domicile, inaccessible aux regards, entouré qu'il était de piquants, un rejeton d'Erinys* [144]. *Donc ce Timon se retira du monde, par haine, après force malédictions contre la perversité des hommes. C'est ainsi qu'à votre encontre il avait pour les hommes pervers une haine sans trêve. Mais les femmes, il les aimait bien.*

UNE FEMME. — *Tu veux que je te cogne la mâchoire ?*

LE VIEILLARD. — (Reculant vivement.) *Nullement. Ah ! tu me fais peur !*

LA FEMME. — *Ou que je te donne un coup de pied ?*

LE VIEILLARD. — *Tu feras voir ton « sac pour homme* [145] ».

LA FEMME. — *Tu ne le verras pas, toute vieille que je suis, couvert de poils, mais épilé à la lampe.*

Lysistrata sort de l'Acropole.

LYSISTRATA. — Hé ! Hé ! femmes, venez ici vers moi, vite !

Plusieurs arrivent.

143. Personnage historique, citoyen d'Athènes, selon certains commentateurs. D'autres le perçoivent comme la personnification proverbiale de la misanthropie. Aristophane se moque de lui dans les *Oiseaux*, v. 1549 et le poète comique Phrynichos, son contemporain, le met en scène dans son *Solitaire*.

144. Divinité attachée à la vengeance des crimes de sang (souvent présentée comme une entité plurielle, les Érinyes). Appartenant à une génération antérieure à celle des Olympiens, cette vengeresse implacable faisait l'horreur des hommes et des dieux. Même si l'Érinys mythique n'avait pas de descendance, Timon est dit leur rejeton parce qu'il a les hommes en haine.

145. Trad. litt. de *sakandron*. Allusion à la toison pubienne : *sakas*, dont dérive ce mot, désigne une étoffe en poils de chèvre.

ΛΥ. Ἰοὺ ἰού, γυναῖκες, ἴτε δεῦρ' ὡς ἐμὲ
ταχέως.

ΓΥ. Τί δ' ἐστίν; Εἰπέ μοι, τίς ἡ βοή; 830

ΛΥ. Ἄνδρ', ⟨ἄνδρ'⟩ ὁρῶ προσιόντα παραπεπληγμένον,
τοῖς τῆς Ἀφροδίτης ὀργίοις εἰλημμένον.
Ὦ πότνια, Κύπρου καὶ Κυθήρων καὶ Πάφου
μεδέουσ'. Ἴθ' ὀρθὴν ἥνπερ ἔρχει τὴν ὁδόν.

ΓΥ. Ποῦ δ' ἐστίν, ὅστις ἐστί;

ΛΥ. Παρὰ τὸ τῆς Χλόης. 835

ΓΥ. Ὢ νὴ Δί' ἐστὶ δῆτα. Τίς κἄστίν ποτε;

ΛΥ. Ὁρᾶτε. Γιγνώσκει τις ὑμῶν;

ΜΥ. Νὴ Δία
ἔγωγε· κἄστιν οὑμὸς ἀνὴρ Κινησίας.

ΛΥ. Σὸν ἔργον ἤδη τοῦτον ὀπτᾶν καὶ στρέφειν
κἀξηπεροπεύειν καὶ φιλεῖν καὶ μὴ φιλεῖν, 840
καὶ πάνθ' ὑπέχειν πλὴν ὧν σύνοιδεν ἡ κύλιξ.

ΜΥ. Ἀμέλει, ποήσω ταῦτ' ἐγώ.

ΛΥ. Καὶ μὴν ἐγὼ
ξυνηπεροπεύσω ⟨σοὶ⟩ παραμένουσ' ἐνθαδί,
καὶ ξυσταθεύσω τοῦτον. Ἀλλ' ἀπέλθετε.

ΚΙΝΗΣΙΑΣ

Οἴμοι κακοδαίμων, οἷος ὁ σπασμός μ' ἔχει 845
χὠ τέτανος ὥσπερ ἐπὶ τροχοῦ στρεβλούμενον.

ΛΥ. Τίς οὗτος οὑντὸς τῶν φυλάκων ἑστώς;

ΚΙ. Ἐγώ.

ΛΥ. Ἀνήρ;

ΚΙ. Ἀνὴρ δῆτ'.

ΛΥ. Οὐκ ἄπει δῆτ' ἐκποδών;

146. Littéralement : la Verdoyante. Épiclèse de Déméter, protectrice

UNE FEMME. — Qu'y a-t-il ? Parle. Que signifient ces cris ?

LYSISTRATA. — Un homme, je vois approcher un homme frappé de démence, en proie aux transports d'Aphrodite. Ô souveraine qui règne sur Chypre, Cythère et Paphos, va, poursuis droit la route où tu marches.

LA FEMME. — Où est-il, quel qu'il soit ?

LYSISTRATA. — Il longe le temple de la Chloé [146].

LA FEMME. — Ah ! par Zeus, c'en est un vraiment. Qui peut-il bien être ?

LYSISTRATA. — Voyez. L'une de vous le connaît-elle ?

MYRRHINE. — Oui, par Zeus, moi. C'est mon homme, Cinésias.

LYSISTRATA. — À toi maintenant de le tenir sur le gril et de le tourner, de l'enjôler, de l'aimer et de ne pas l'aimer, de tout lui accorder, hormis... ce dont la coupe est confidente [147].

MYRRHINE. — Sois tranquille, c'est ce que je vais faire.

LYSISTRATA. — Aussi bien je reste ici et t'aiderai à l'enjôler, à le rôtir à petit feu. — Allons, retirez-vous.

Les autres femmes s'en vont. Entre Cinésias suivi d'un esclave portant un enfant.

CINÉSIAS. — Ah ! malheureux que je suis ! Quelle convulsion, quelle raideur j'éprouve ! Comme sur la roue, on me torture !

LYSISTRATA. — Qui est-il, celui-là qui se tient en deçà des postes ?

CINÉSIAS. — Moi.

LYSISTRATA. — Un homme ?

CINÉSIAS. — Un homme, assurément.

des jeunes pousses. Cette déesse était honorée sur le versant sud-ouest de l'Acropole, cf. Pausanias, I, 22, 3.

147. Lysistrata évoque ici le serment d'abstinence sexuelle que les femmes ont prêté sur une coupe au début de la pièce, cf. v. 197 ss.

ΚΙ. Σὺ δ' εἶ τίς ἡκβάλλουσά μ';

ΛΥ. Ἡμεροσκόπος.

ΚΙ. Πρὸς τῶν θεῶν νυν ἐκκάλεσόν μοι Μυρρίνην. 850

ΛΥ. Ἰδοὺ καλέσω 'γὼ Μυρρίνην σοι; Σὺ δὲ τίς εἶ;

ΚΙ. Ἀνὴρ ἐκείνης, Παιονίδης Κινησίας.

ΛΥ. Ὦ χαῖρε φίλτατ'· οὐ γὰρ ἀκλεὲς τοὔνομα
τὸ σὸν παρ' ἡμῖν ἐστιν οὐδ' ἀνώνυμον.
Ἀεὶ γὰρ ἡ γυνή σ' ἔχει διὰ στόμα. 855
Κἂν ᾠὸν ἢ μῆλον λάβῃ, « Κινησίᾳ
τουτὶ γένοιτο, » φησίν.

ΚΙ. Ὦ πρὸς τῶν θεῶν.

ΛΥ. Νὴ τὴν Ἀφροδίτην· κἂν περὶ ἀνδρῶν γ' ἐμπέσῃ
λόγος τις, εἴρηκ' εὐθέως ἡ σὴ γυνὴ
ὅτι λῆρός ἐστι τἄλλα πρὸς Κινησίαν. 860

ΚΙ. Ἴθι νυν κάλεσον αὐτήν.

ΛΥ. Τί οὖν; Δώσεις τί μοι;

ΚΙ. Ἔγωγε ⟨τόδε⟩ νὴ τὸν Δί', ἢν βούλῃ γε σύ.
Ἔχω δὲ τουθ'· ὅπερ οὖν ἔχω, δίδωμί σοι.

ΛΥ. Φέρε νυν καλέσω καταβᾶσά σοι.

ΚΙ. Ταχύ νυν πάνυ·
ὡς οὐδεμίαν ἔχω γε τῷ βίῳ χάριν, 865
ἐξ οὗπερ αὕτη 'ξῆλθεν ἐκ τῆς οἰκίας,
ἀλλ' ἄχθομαι μὲν εἰσιών, ἔρημα δὲ
εἶναι δοκεῖ μοι πάντα, τοῖς δὲ σιτίοις
χάριν οὐδεμίαν οἶδ' ἐσθίων. Ἔστυκα γάρ.

ΜΥ. Φιλῶ φιλῶ 'γὼ τοῦτον· ἀλλ' οὐ βούλεται 870
ὑπ' ἐμοῦ φιλεῖσθαι. Σὺ δέ με τούτῳ μὴ κάλει.

ΚΙ. Ὦ γλυκύτατον Μυρρινίδιον, τί ταῦτα δρᾷς;

148. Il ne s'agit pas ici du poète lyrique Cinésias. Nom propre courant à Athènes, Cinésias, construit sur le verbe *kinein*, “se mouvoir”, compris ici comme une allusion sexuelle. Péonide est le nom d'un dème d'Attique. Là encore, Aristophane s'amuse à évoquer l'amour, puisque

LYSISTRATA. — Veux-tu bien t'ôter de là ?

CINÉSIAS. — Et toi, qui es-tu, pour me chasser ?

LYSISTRATA. — Sentinelle de jour.

CINÉSIAS. — Au nom des dieux, alors, appelle-moi Myrrhine.

LYSISTRATA. — Allons bon, que je te fasse venir Myrrhine ! Mais toi, qui es-tu ?

CINÉSIAS. — Son mari, Cinésias Péonide [148].

LYSISTRATA. — Ah ! bonjour, très cher. Ton nom n'est pas sans gloire parmi nous ni sans renom. Ta femme l'a sans cesse à la bouche. Qu'elle prenne un œuf ou un coing : « Que n'est-ce pour Cinésias ! », dit-elle.

CINÉSIAS. — Ah ! Au nom des dieux...

LYSISTRATA. — Oui, par Aphrodite ; et si l'on vient à parler de maris, ta femme aussitôt de dire : « Bagatelle que tout le reste au prix de Cinésias ! »

CINÉSIAS. — Va donc, appelle-la.

LYSISTRATA. — Et quoi ? Me donneras-tu quelque chose ?

CINÉSIAS. — Oui, ceci, par Zeus, si tu veux, toi. Voilà ce que j'ai. *(Geste obscène.)* Ce que j'ai, je le donne.

LYSISTRATA. — Allons, que je descende te l'appeler.

Elle s'en va.

CINÉSIAS. — En toute hâte, alors. Car je ne trouve plus de charme à la vie depuis qu'elle est sortie de la maison. Il m'est pénible d'y entrer ; tout me paraît désert ; et les mets, quand je mange, n'ont pour moi aucune saveur. Car je suis en érection.

MYRRHINE. — *(À Lysistrata, à la cantonade.)* Je l'aime, oui, je l'aime. Mais il ne tient pas à mon amour. Ne m'appelle pas auprès de lui.

CINÉSIAS. — Ô ma toute douce Myrrhinette, pourquoi fais-tu cela ? Descends ici [149].

Paionides se construit sur la racine *paiein*, "s'amuser", "faire l'amour".
149. Comme les femmes ont occupé l'Acropole, les hommes qui les assiègent sont plus bas, au pied du mur.

Κατάβηθι δεῦρο.

ΜΥ. Μὰ Δί' ἐγὼ μὲν αὐτόσ' οὔ.

ΚΙ. Ἐμοῦ καλοῦντος οὐ καταβήσει, Μυρρίνη;

ΜΥ. Οὐ γὰρ δεόμενος οὐδὲν ἐκκαλεῖς ἐμέ. 875

ΚΙ. Ἐγὼ οὐ δεόμενος; Ἐπιτετριμμένος μὲν οὖν.

ΜΥ. Ἄπειμι.

ΚΙ. Μὴ δῆτ', ἀλλὰ τῷ γοῦν παιδίῳ
ὑπάκουσον. Οὗτος, οὐ καλεῖς τὴν μαμμίαν;

ΠΑΙΔΙΟΝ

Μαμμία, μαμμία, μαμμία.

ΚΙ. Αὕτη, τί πάσχεις; Οὐδ' ἐλεεῖς τὸ παιδίον 880
ἄλουτον ὂν κἄθηλον ἕκτην ἡμέραν;

ΜΥ. Ἔγωγ' ἐλεῶ δῆτ'· ἀλλ' ἀμελὴς αὐτῷ πατὴρ
ἐστιν.

ΚΙ. Κατάβηθ', ὦ δαιμονία, τῷ παιδίῳ.

ΜΥ. Οἷον τὸ τεκεῖν. Καταβατέον. Τί γὰρ πάθω;

ΚΙ. Ἐμοὶ μὲν αὕτη καὶ νεωτέρα δοκεῖ 885
πολλῷ γεγενῆσθαι κἀγανώτερον βλέπειν·
χἃ δυσκολαίνει πρὸς ἐμὲ καὶ βρενθύεται,
ταῦτ' αὐτὰ δή 'σθ' ἃ καί μ' ἐπιτρίβει τῷ πόθῳ.

ΜΥ. Ὦ γλυκύτατον σὺ τεκνίδιον κακοῦ πατρός,
φέρε σε φιλήσω, γλυκύτατον τῇ μαμμίᾳ. 890

ΚΙ. Τί, ὦ πονηρα, ταῦτα ποιεῖς χἀτέραις
πείθει γυναιξί; Κἀμέ τ' ἄχθεσθαι ποεῖς
αὐτή τε λυπεῖ.

ΜΥ. Μὴ πρόσαγε τὴν χεῖρά μοι.

ΚΙ. Τὰ δ' ἔνδον ὄντα τἀμὰ καὶ σὰ χρήματα

MYRRHINE. — Non, par Zeus, je n'irai pas là.

CINÉSIAS. — Quand je t'appelle, ne descendras-tu pas, Myrrhine ?

MYRRHINE. — C'est sans nul besoin que tu m'appelles dehors.

CLÉONICE. — Moi, sans besoin ? Dis plutôt que je suis à bout.

MYRRHINE. — Je m'en vais.

CINÉSIAS. — Non, vraiment. Écoute au moins le petit. *(À l'enfant.)* Hé, tu n'appelles pas ta maman[150] ?

L'ENFANT. — Maman, maman, maman.

CINÉSIAS. — Ah ça, qu'est-ce que tu as ? Tu n'as pas même pitié du petit qui n'a pas été lavé ni allaité voilà six jours !

MYRRHINE. — Certes, j'en ai pitié ; mais il a un père bien négligent.

CINÉSIAS. — Descends, que diantre, pour le petit.

MYRRHINE. — Ce que c'est d'être mère[151] ! Il faut descendre. Car que faire ?

Elle vient.

CINÉSIAS. — *(À part.)* Oh ! mais elle me semble bien rajeunie, et plus caressant son regard. Sa fâcherie contre moi et ses dédains sont justement ce qui me consume de désirs.

MYRRHINE. — *(Prenant l'enfant.)* Ah ! doux petit enfant d'un méchant père, là, que je t'embrasse, doux bébé à sa maman.

CINÉSIAS. — Pourquoi, mauvaise, agir ainsi et écouter les autres femmes ? Tu me fais souffrir et t'affliges toi-même. *(Il veut l'embrasser.)*

MYRRHINE. — N'approche pas ta main de moi.

CINÉSIAS. — Et nos effets à la maison, les miens, les tiens, que tu laisses se détériorer ?

150. *Mammia :* diminutif affectueux pour mère ; pour *pappia :* cf. *Guêpes*, 296 ; *Paix*, 128.

151. Parodie du v. 917 de l'*Iphigénie en Aulide* d'Euripide.

χεῖρον διατίθης.

ΜΥ. Ὀλίγον αὐτῶν μοι μέλει. 895

ΚΙ. Ὀλίγον μέλει σοι τῆς κρόκης φορουμένης
ὑπὸ τῶν ἀλεκτρυόνων ;

ΜΥ. Ἔμοιγε νὴ Δία.

ΚΙ. Τὰ τῆς Ἀφροδίτης ἱέρ' ἀνοργίαστά σοι
χρόνον τοσοῦτόν ἐστιν. Οὐ βαδιεῖ πάλιν ;

ΜΥ. Μὰ Δί' οὐκ ἔγωγ', ἢν μὴ διαλλαχθῆτέ γε 900
καὶ τοῦ πολέμου παύσησθε.

ΚΙ. Τοιγάρ, ἢν δοκῇ,
ποήσομεν καὶ ταῦτα.

ΜΥ. Τοιγάρ, ἢν δοκῇ,
κἄγωγ' ἄπειμ' ἐκεῖσε· νῦν δ' ἀπομώμοκα.

ΚΙ. Σὺ δ' ἀλλὰ κατακλίνηθι μετ' ἐμοῦ διὰ χρόνου.

ΜΥ. Οὐ δῆτα· καίτοι σ' οὐκ ἐρῶ γ' ὡς οὐ φιλῶ. 905

ΚΙ. Φιλεῖς ; Τί οὖν οὐ κατεκλίνης, ὦ Μύρριον ;

ΜΥ. Ὦ καταγέλαστ', ἐναντίον τοῦ παιδίου ;

ΚΙ. Μὰ Δί' ἀλλὰ τοῦτό γ' οἴκαδ', ὦ Μανῆ, φέρε.
Ἰδοὺ τὸ μέν σοι παιδίον καὶ δὴ 'κποδών·
σὺ δ' οὐ κατακλινεῖ ;

ΜΥ. Ποῦ γὰρ ἄν τις καί, τάλαν, 910
δράσειε τοῦθ' ;

ΚΙ. Ὅπου ; τὸ τοῦ Πανὸς καλόν.

ΜΥ. Καὶ πῶς ἔθ' ἁγνὴ δῆτ' ἂν ἔλθοιμ' εἰς πόλιν ;

152. En Attique, Manès est un nom générique pour dire esclave.
153. Grotte proche des Propylées. En ce lieu, l'héroïne Créüse, fille du roi Érechthée, fut séduite par Apollon. De cette union est né Ion, l'ancêtre des Athéniens. Cf. Euripide, *Ion*, 11, 283 ss, 492 ss, 938, 949. .
154. L'Acropole était un lieu sacré (cf. *Lysistrata*, v. 753, 1182 ss.), d'où la nécessité de se purifier pour y accéder.

MYRRHINE. — Peu m'en chaut.

CINÉSIAS. — Peu te chaut de ta trame traînée de tous côtés par les poules ?

MYRRHINE. — Oui, par Zeus.

CINÉSIAS. — Et les rites d'Aphrodite que tu n'as pas pratiqués depuis si longtemps ? Ne veux-tu pas revenir ?

MYRRHINE. — Non, par Zeus, si vous ne traitez et mettez fin à la guerre.

CINÉSIAS. — Eh bien donc, si l'on veut, nous ferons aussi cela.

MYRRHINE. — Eh bien donc, si l'on veut, je m'en irai aussi là-bas. Pour le moment, j'ai juré que non.

CINÉSIAS. — Au moins couche avec moi, depuis le temps.

MYRRHINE. — Ah ! non ! et pourtant je ne nierai pas que je t'aime.

CINÉSIAS. — Tu m'aimes ? Alors, pourquoi n'es-tu pas déjà couchée, ma Myrrhinette ?

MYRRHINE. — Tu es plaisant ! Devant ce petit ?

CINÉSIAS. — Non, par Zeus. — Porte-le à la maison, Manès [152]. *(Manès obéit.)* Là, le petit, tu vois, ne te gêne plus. Tu ne te couches pas ?

MYRRHINE. — Mais, pauvre, où pourrait-on faire cela ?

CINÉSIAS. — Où ? La grotte de Pan [153] serait bien.

MYRRHINE. — Et comment ensuite entrerai-je pure à l'Acropole [154] ?

CINÉSIAS. — Fort bien, je suppose : tu te laveras dans la Clepsydre [155].

MYRRHINE. — Et puis, mon serment ? Faut-il me parjurer, malheureux ?

155. Fontaine sur le flanc nord-ouest de l'Acropole, au-dessous et à gauche de la grotte de Pan. C'est là que l'on baignait tous les ans la statue d'Aphrodite Peitho, cf. v. 203-204. Après l'acte amoureux, il suffisait de s'y baigner pour se purifier. Selon la légende, cette fontaine avait des vertus miraculeuses, puisque Héra se serait baignée dans ses eaux pour retrouver sa virginité, cf. Pausanias 2, 38, 2.

KI. Κάλλιστα δήπου, λουσαμένη τῇ Κλεψύδρᾳ.

MY. Ἔπειτ' ὀμόσασα δῆτ' ἐπιορκήσω, τάλαν;

KI. Εἰς ἐμὲ τράποιτο· μηδὲν ὅρκου φροντίσῃς. 915

MY. Φέρε νυν ἐνέγκω κλινίδιον νῷν.

KI. Μηδαμῶς.

Ἀρκεῖ χαμαὶ νῷν.

MY. Μὰ τὸν Ἀπόλλω, μή σ' ἐγὼ

καίπερ τοιοῦτον ὄντα κατακλινῶ χαμαί.

KI. Ἥ τοι γυνὴ φιλεῖ με, δήλη 'στὶν καλῶς.

MY. Ἰδού, κατάκεισ' ἀνύσας τι, κἀγὼ 'κδύομαι. 920

Καίτοι, τὸ δεῖνα, ψίαθός ἐστ' ἐξοιστέα.

KI. Ποία ψίαθος; Μή μοί γε.

MY. Νὴ τὴν Ἄρτεμιν,

αἰσχρὸν γὰρ ἐπὶ τόνου γε.

KI. Δός μοί νυν κύσαι.

MY. Ἰδού.

KI. Παπαιάξ. Ἧκέ νυν ταχέως πάνυ.

MY. Ἰδοὺ ψίαθος. Κατάκεισο, καὶ δὴ 'κδύομαι. 925

Καίτοι, τὸ δεῖνα, προσκεφάλαιον οὐκ ἔχεις.

KI. Ἀλλ' οὐ δέομ' οὐδὲν ἔγωγε.

MY. Νὴ Δί' ἀλλ' ἐγώ.

KI. Ἀλλ' ἦ τὸ πέος τόδ' Ἡρακλῆς ξενίζεται;

MY. Ἀνίστασ', ἀναπήδησον. Ἤδη πάντ' ἔχω.

KI. Ἅπαντα δῆτα. Δεῦρό νυν, ὦ χρυσίον. 930

MY. Τὸ στρόφιον ἤδη λύομαι. Μέμνησό νυν·

μή μ' ἐξαπατήσῃς τὰ περὶ τῶν διαλλαγῶν.

156. Le parjure était un grave délit religieux. Même les dieux, selon Hésiode, *Théogonie*, 793, étaient punis.

157. Seuls les hommes juraient par cette divinité. Dans la bouche de Myrrhine, ce juron s'explique par contamination : elle est influencée par le souvenir de l'histoire de Créüse et d'Apollon, cf. v. 720 et note.

158. Ce héros était réputé pour sa voracité et sa gloutonnerie. Les auteurs du ve siècle le représentaient souvent affamé, cf. Euripide,

CINÉSIAS. — Que la faute retombe sur moi. Ne t'inquiète pas de ton serment [156].

MYRRHINE. — Allons, je vais nous chercher une couchette.

CINÉSIAS. — Du tout. Par terre, cela nous suffit.

MYRRHINE. — Non, par Apollon [157], je ne veux pas, même méchant comme tu es, te faire coucher par terre. *(Elle sort.)*

CINÉSIAS. — Elle m'aime, voyez-vous, ma femme ; c'est bien clair.

MYRRHINE. — *(Revenant avec une couchette.)* Voilà. Couche-toi vite ; moi, je me déshabille. Mais, sapristi, il faut chercher une natte.

CINÉSIAS. — À quoi bon une natte ? Pas pour moi du moins.

MYRRHINE. — Si, par Artémis ; ce serait honteux, sur des sangles.

CLÉONICE. — Laisse-moi donc te baiser.

MYRRHINE. — Tiens. *(Elle repart.)*

CINÉSIAS. — Ah ! là, là, là. — Reviens à toute vitesse.

MYRRHINE. — *(Apportant une natte).* Voilà une natte. Couche-toi ; à l'instant je me déshabille. *(Il se couche.)* Mais, sapristi, tu n'as pas d'oreiller.

CINÉSIAS. — Mais je n'en ai pas besoin, moi.

MYRRHINE. — Moi si, par Zeus. *(Elle s'en va encore.)*

CINÉSIAS. — Décidément, ce pauvre membre, c'est Héraclès [158] qu'on régale !

MYRRHINE. — *(Revenant avec un oreiller.)* Debout, lève-toi d'un saut. *(Elle met l'oreiller.)* Cette fois, j'ai tout.

CINÉSIAS. — Tout, bien sûr. Ici donc, mon trésor [159].

Alceste ; 755; Aristophane, *Grenouilles*, 62, *Guêpes*, 60, *Paix*, 741; *Oiseaux*, 1575 ss.

159. *Chrusion*, "petit morceau d'or". Dans le langage amoureux, petit trésor, mon bijou, cf. *Acharniens*, 1162, 1200.

ΚΙ. Νὴ Δί' ἀπολοίμην.

ΜΥ. Ἀλλὰ σισύραν οὐκ ἔχεις.

ΚΙ. Μὰ Δί' οὐδὲ δέομαί γ', ἀλλὰ βινεῖν βούλομαι.

ΜΥ. Ἀμέλει, ποήσεις τοῦτο· ταχὺ γὰρ ἔρχομαι. 935

ΚΙ. Ἄνθρωπος ἐπιτρίψει με διὰ τὰ στρώματα.

ΜΥ. Ἔπαιρε σαυτόν.

ΚΙ. Ἀλλ' ἐπῆρται τουτογί.

ΜΥ. Βούλει μυρίσω σε;

ΚΙ. Μὰ τὸν Ἀπόλλω μή μέ γε.

ΜΥ. Νὴ τὴν Ἀφροδίτην, ἤν τε βούλῃ γ' ἤν τε μή.

ΚΙ. Εἴθ' ἐκχυθείη τὸ μύρον, ὦ Ζεῦ δέσποτα. 940

ΜΥ. Πρότεινε δὴ τὴν χεῖρα κἀλείφου λαβών.

ΚΙ. Οὐχ ἡδὺ τὸ μύρον μὰ τὸν Ἀπόλλω τουτογί,
εἰ μὴ διατριπτικόν γε κοὐκ ὄζον γάμων.

ΜΥ. Τάλαιν' ἐγώ, τὸ Ῥόδιον ἤνεγκον μύρον.

ΚΙ. Ἀγαθόν· ἔα αὔτ', ὦ δαιμονία.

ΜΥ. Ληρεῖς ἔχων. 945

ΚΙ. Κάκιστ' ἀπόλοιθ' ὁ πρῶτος ἑψήσας μύρον.

ΜΥ. Λαβὲ τόνδε τὸν ἀλάβαστον.

ΚΙ. Ἀλλ' ἕτερον ἔχω.
Ἀλλ' ᾠζυρά, κατάκεισο καὶ μή μοι φέρε
μηδέν.

ΜΥ. Ποήσω ταῦτα νὴ τὴν Ἄρτεμιν.
Ὑπολύομαι γοῦν. Ἀλλ' ὅπως, ὦ φίλτατε, 950
σπονδὰς ποεῖσθαι ψηφιεῖ.

ΚΙ. Βουλεύσομαι. —
Ἀπολώλεκέν με κἀπιτέτριφεν ἡ γυνὴ

160. *Strophion* : bande généralement en cuir que les femmes utilisaient pour soutenir leurs seins et qu'elles plaçaient sous le chiton ou sous la crocote, cf. *Thesmophories*, 139, 251, 255, 638, fr. 647 *(incerta)*.
161. En Grèce, les parfums font partie de la sphère d'influence d'Aphrodite. Le parfum est donc un élément indispensable dans les contextes érotiques, et cela depuis la séduction de Zeus par Héra dans

MYRRHINE. — Voilà, je détache mon soutien-gorge [160]. Souviens-toi : ne va pas me tromper au sujet de la paix.

CINÉSIAS. — Non, par Zeus, ou je meure.

MYRRHINE. — Allons, bon, tu n'as pas de couverture.

CINÉSIAS. — Par Zeus, je n'en ai nul besoin. Je veux faire l'amour.

MYRRHINE. — Sois tranquille, tu le feras. Je reviens vite. *(Elle sort.)*

CINÉSIAS. — Cette femme me fera mourir, avec ses couvertures.

MYRRHINE. — *(Revenant.)* Mets-toi droit.

CINÉSIAS. — Mais il est droit, celui-ci.

MYRRHINE. — Veux-tu que je te parfume[161] ?

CINÉSIAS. — Non, par Apollon, pas moi.

MYRRHINE. — Si, par Aphrodite, que tu veuilles ou non. *(Elle part encore.)*

CINÉSIAS. — Ah ! puisse-t-il être répandu, le parfum, ô puissant Zeus !

MYRRHINE. — *(Revenant avec un flacon.)* Avance ta main ; prends et frotte-toi.

CINÉSIAS. — *(Flairant.)* Pas agréable, par Apollon, ce parfum-là. Il est tout juste bon à retarder, et ne sent pas le mariage [162].

MYRRHINE. — Malheureuse ! C'est le baume de Rhodes [163] que j'ai apporté.

CINÉSIAS. — C'est bon ; laisse-le, que diantre !

MYRRHINE. — Tu plaisantes tout de bon. *(Elle repart.)*

l'*Iliade*, XIV, 165 ss. Dans la comédie d'Aristophane, cf. *Paix*, 862 ; *Lysistrata*, 47 ss. ; *Assemblée des Femmes*, 524 ss.

162. Au lieu de sentir la hâte et la passion, ce parfum sent le rance de l'attente et ne sied pas au mariage Cf. *Acharniens*, 193 : la fiole qui a un goût aigre d'atermoiement chez les alliés.

163. Selon le scholiaste, parfum de qualité inférieure à ceux de Syrie, réputés pour leurs fragances, cf. Athénée, 688e. Aristophane fait ici une allusion probable à la défection de Rhodes, ancienne alliée de la Ligue de Délos, cf. Thucydide, VIII, 44.

τά τ' ἄλλα πάντα κἀποδείρασ' οἴχεται.
Οἴμοι τί πάθω; Τίνα βινήσω,
τῆς καλλίστης πασῶν ψευσθείς; 955
Πῶς ταυτηνὶ παιδοτροφήσω;
Ποῦ Κυναλώπηξ;
Μίσθωσόν μοι τὴν τίτθην.

Χ.ΓΕ. Ἐν δεινῷ γ', ὦ δύστηνε, κακῷ
τείρει ψυχὴν ἐξαπατηθείς. 960
Κἄγωγ' οἰκτίρω σ'. Αἰαῖ.
Ποῖος γὰρ ⟨ἔτ'⟩ ἂν νέφρος ἀντίσχοι,
ποία ψυχή, ποῖοι δ' ὄρχεις,
ποία δ' ὀσφύς, ποῖος δ' ὄρρος
κατατεινόμενος 965
καὶ μὴ βινῶν τοὺς ὄρθρους;

ΚΙ. Ὦ Ζεῦ, δεινῶν ἀντισπασμῶν.

Χ.ΓΕ. Ταυτὶ μέντοι νυνί σ' ἐπόησ'
ἡ παμβδελύρα καὶ παμμυσάρα.

ΚΙ. Μὰ Δί' ἀλλὰ φίλη καὶ παγγλυκέρα. 970

Χ.ΓΕ. Ποία γλυκερά; Μιαρὰ μιαρὰ δῆτ', ὦ Ζεῦ.
Εἴθ' αὐτὴν ὥσπερ τοὺς θωμοὺς
μεγάλῳ τυφῷ καὶ πρηστῆρι
ξυστρέψας καὶ ξυγγογγύλας 975
οἴχοιο φέρων, εἶτα μεθείης,
ἡ δὲ φέροιτ' αὖ πάλιν εἰς τὴν γῆν,
κᾆτ' ἐξαίφνης

CINÉSIAS. — La peste soit de celui qui le premier distilla un parfum !

MYRRHINE. — *(Revenant.)* Prends cette fiole.

CINÉSIAS. — Mais j'en tiens une autre [164]. Allons, cruelle, couche-toi et ne m'apporte plus rien.

MYRRHINE. — C'est ce que je vais faire, par Artémis. Ainsi, je me déchausse. Mais, mon chéri, songe à voter pour la paix.

Elle s'enfuit.

CINÉSIAS. — J'y réfléchirai. *(Ne la voyant plus.)* Elle m'a fait mourir, elle m'a tué, la femme, et pour comble, après m'avoir ôté la peau [165], la voilà partie !

Dans le ton d'une lamentation tragique.

Hélas ! que devenir ? Qui enfilerai-je, quand la plus belle de toutes m'a frustré ? Comment nourrirai-je cet enfant-là [166] ? Où est le Chien-Renard [167] ? Loue-moi la... nourrice.

LE CORYPHÉE. — Dans un affreux malheur, ô infortuné, tu te consumes l'âme pour avoir été déçu. Moi aussi, j'ai pitié de toi, hélas ! hélas ! car quels reins pourraient y tenir ? quelle âme ? quels testicules ? quels lombes ? Quelle queue ainsi tendue sans pouvoir baiser les matins [168] ?

CINÉSIAS. — Ô Zeus, les horribles convulsions !

LE CORYPHÉE. — Voilà pourtant ce qu'elle t'a fait, la toute odieuse, la toute scélérate.

CINÉSIAS. — Non, par Zeus, dis plutôt la chère, la toute douce.

LE CORYPHÉE. — Comment, douce ? Une coquine ! Une coquine, ah ! oui, par Zeus. Puisses-tu, à la maniè-

164. Jeu de mots sur *alabaston*, "albâtre", "fiole".

165. C'est-à-dire, aguicher, exciter, cf. v. 740.

166. L'enfant de Cinésias et de Myrrhine a quitté la scène depuis le v. 908. Il s'agit ici du pénis de Cinésias.

167. Sobriquet d'un certain Philostratos, tenancier d'une maison de passe, cf. *Cavaliers*, 1069.

168. Imitation de l'*Andromède* d'Euripide.

περὶ τὴν ψωλὴν περιβαλῃ.

ΚΗΡΥΞ ΛΑΚΕΔΑΙΜΟΝΙΩΝ

Πᾶ τᾶν 'Ασανᾶν ἐστιν ἁ γερωχία 980
ἢ τοὶ πρυτάνιες ; Λῶ τι μυσίξαι νέον.

ΠΡΥΤΑΝΙΣ

Τίς δ' εἶ ; πότερον ἄνθρωπος ἢ Κονίσαλος;

ΚΗ. Κᾶρυξ ἐγών, ὦ κυρσάνιε, ναὶ τὼ σιὼ
ἔμολον ἀπὸ Σπάρτας περὶ τᾶν διαλλαγᾶν.

ΠΡΥ. Κἄπειτα δόρυ δῆθ' ὑπὸ μάλης ἥκεις ἔχων ; 985

ΚΗ. Οὐ τὸν Δί' οὐκ ἔγωνγα.

ΠΡΥ. Ποῖ μεταστρέφει;
Τί δὴ προβάλλει τὴν χλαμύδ' ; Ἦ βουβωνιᾷς
ὑπὸ τῆς ὁδοῦ;

ΚΗ. 'Αλεός γα ναὶ τὸν Κάστορα
ὤνθρωπος.

ΠΡΥ. 'Αλλ' ἔστυκας, ὦ μιαρώτατε.

ΚΗ. Οὐ τὸν Δί' οὐκ ἔγωνγα· μηδ' αὖ πλαδδίη, 990

ΠΡΥ. Τί δ' ἐστί σοι τοδί;

ΚΗ. Σκυτάλα Λακωνικά.

ΠΡΥ. Εἴπερ γε, χαὔτη 'στὶ σκυτάλη Λακωνική.
'Αλλ' ὡς πρὸς εἰδότ' ἐμὲ σὺ τἀληθῆ λέγε.
Τί τὰ πράγμαθ' ὑμῖν ἐστι τἀν Λακεδαίμονι;

ΚΗ. 'Ορσὰ Λακεδαίμων πᾶά καὶ τοὶ σύμμαχοι 995

169. Parodie des imprécations où l'on souhaite l'anéantissement total de l'ennemi.
170. À Sparte, on donnait ce nom *(gérousia)* au Conseil des 28 vieillards qui avec deux rois, administraient la cité de façon oligarchique. À Athènes, cité démocratique, le Conseil ou *Boulè*, était un organe représentatif du peuple, formé de cinq cents membres.

re du tas de blé, après l'avoir mise en boule, l'emporter dans l'air, puis la lâcher : qu'elle retombe alors sur la terre et que tout à coup elle s'embroche à cette verge [169] !

Arrive un héraut de Lacédémone, en érection sous son manteau. — Un prytane athénien vient au devant de lui.

LE HÉRAUT. — Où est le Sénat [170] d'Athènes, ou bien les Prytanes [171] ! J'ai à dire du nouveau.

LE PRYTANE. — Qui es-tu ? homme ou Conisalos [172] ?

LE HÉRAUT. — Je suis héraut, ô jeune homme, par les Dioscures, venu de Sparte en vue de la paix.

LE PRYTANE. — Et ensuite tu arrives portant, à ce que je vois, une pique sous l'aisselle ?

LE HÉRAUT. — Non, par Zeus, non pas.

LE PRYTANE. — Où te tournes-tu ? Pourquoi donc tends-tu devant toi ta chlamyde* ? As-tu une tumeur dans l'aine par suite du voyage ?

LE HÉRAUT. — Il est fou, par Castor, cet homme.

LE PRYTANE. — *(Écartant le manteau du Héraut.)* Mais tu es en érection, mauvais sujet !

LE HÉRAUT. — Non, par Zeus, non pas. Ne va pas encore déraisonner.

LE PRYTANE. — Mais qu'as-tu là ?

LE HÉRAUT. — Une scytale laconienne [173].

LE PRYTANE. — *(Montrant son propre cas.)* Alors ceci aussi est une scytale laconienne ! Allons, je sais tout, dis-moi la vérité. Où en sont vos affaires à Lacédémone ?

171. Membres de la *Boulé*. Ils étaient cinquante par tribu et détenaient le pouvoir pendant un dixième de l'année.

172. Divinité lubrique, comme Priape et Orthanès, que l'on représentait exécutant des danses obscènes.

173. Bâton que les Spartiates utilisaient pour envoyer des dépêches d'État ou des messages secrets. L'expéditeur et le destinataire devaient posséder le même type de bâton puisque le message, gravé sur une lanière en cuir, ne faisait sens qu'une fois enroulé sur la scytale.

ἅπαντες ἐστύκαντι· ⟨τὰν⟩ πελλᾶν δὲ δεῖ.

ΠΡΥ. Ἀπὸ τοῦ δὲ τουτὶ τὸ κακὸν ὑμῖν ἐνέπεσεν;
Ἀπὸ Πανός;

ΚΗ. Οὔκ, ἀλλ' ἆρχε μέν, οἰῶ, Λαμπιτώ,
ἔπειτα τἆλλαι ταὶ κατὰ Σπάρταν ἁμᾶ
γυναῖκες ᾇπερ ἀπὸ μιᾶς ὑσπλαγίδος 1000
ἀπήλαὰν τὼς ἄνδρας ἀπὸ τῶν ὑσσάκων.

ΠΡΥ. Πῶς οὖν ἔχετε;

ΚΗ. Μογίομες· ἂν γὰρ τὰν πόλιν
ᾇπερ λυχνοφορίοντες ὑποκεκύφαμες.
Ταὶ γὰρ γυναῖκες οὐδὲ τῶ μύρτω σιγῆν
ἐῶντι, πρίν χ' ἅπαντες ἐξ ἑνὸς λόγω 1005
σπονδὰς ποιηῶμεσθα καττὰν Ἑλλάδα.

ΠΡΥ. Τουτὶ τὸ πρᾶγμα πανταχόθεν ξυνομώμοται
ὑπὸ τῶν γυναικῶν· ἄρτι νυνὶ μανθάνω.
Ἀλλ' ὡς τάχιστα φράζε περὶ διαλλαγῶν
πρέσβεις ἀποπέμπειν αὐτοκράτορας ἐνθαδί. 1010
Ἐγὼ δ' ἑτέρους ἐνθένδε τῇ βουλῇ φράσω
πρέσβεις ἑλέσθαι τὸ πέος ἐπιδείξας τοδί.

ΚΗ. Ποτάδμαι· κράτιστα γὰρ παντᾶ λέγεις.

Χ.ΓΕ. Οὐδέν ἐστι θηρίον γυναικὸς ἀμαχώτερον,
οὐδὲ πῦρ, οὐδ' ὧδ' ἀναιδὴς οὐδεμία πόρδαλις. 1015

174. Littéralement, “nos vases à traire”, c'est-à-dire nos femmes.
175. Ce dieu amoureux, dont la prérogative essentielle est de rendre fertile le bétail, est souvent représenté en érection. Il peut provoquer des cauchemars, des maladies comme la folie (ici le priapisme) ou la peur panique à la guerre (cf. Hérodote, VI, 105 ; Polybe, XX, 6, 12).
176. Euphémisme fréquent pour dire le sexe de la femme.

LE HÉRAUT. — Tout Lacédémone est en l'air et aussi nos alliés. Il nous faut nos déversoirs [174].

LE PRYTANE. — Et d'où ce mal-là vous est-il tombé ? Est-ce de Pan [175] ?

LE HÉRAUT. — Non. L'instigatrice, je crois, est Lampito. Puis les autres femmes de Sparte, toutes à la fois, comme des coureurs partant de la même ligne, ont repoussé leurs maris de leur sexe.

LE PRYTANE. — Comment vous en trouvez-vous ?

LE HÉRAUT. — Nous souffrons. Nous marchons par la ville comme si nous portions des lanternes, tout courbés. Car les femmes ne veulent même pas qu'on touche à leur « myrte [176] », que nous n'ayons tous d'un commun accord fait la paix dans l'Hellade.

LE PRYTANE. — C'est une conspiration générale des femmes, je comprends maintenant. Allons, va dire au plus vite qu'on envoie ici des ambassadeurs munis de pleins pouvoirs pour traiter. Moi je dirai à la Boulè d'élire de son côté d'autres délégués [177], après lui avoir montré le membre que voici.

LE HÉRAUT. — J'y vole. Ton avis est excellent de tout point.

Ils sortent, le Héraut à gauche, le Prytane par la droite.

LE CORYPHÉE. — Il n'est point de bête plus indomptable qu'une femme, point de feu non plus ; nulle panthère n'est à ce point effrontée [178].

LA CORYPHÉE. — Tu le sais [179], et cependant tu me

177. Procédures courantes dans l'Athènes démocratique pour traiter les questions de politique extérieure. Aristophane passe outre les changements politiques survenus sous les Quatre-Cents.

178. Les femmes étaient comparées à des lionnes et à des panthères pour leur audace, leur effronterie, leur sauvagerie. En argot, cela signifiait aguicheuses, "dévoreuses" d'hommes.

179. Assentiment d'autant plus comique que les femmes l'utilisent pour arriver plus vite à leurs fins, soit obtenir la paix.

Χ.ΓΥ. Ταῦτα μέντοι ⟨σὺ⟩ ξυνιεὶς εἶτα πολεμεῖς ἐμοί,
ἐξόν, ὦ πόνηρέ, σοι βέβαιον ἔμ' ἔχειν φίλην;

Χ.ΓΕ. Ὡς ἐγὼ μισῶν γυναῖκας οὐδέποτε παύσομαι.

Χ.ΓΥ. Ἀλλ' ὅταν βούλῃ σύ. Νῦν δ' οὖν οὔ σε περιόψομαι
γυμνὸν ὄνθ' οὕτως. Ὅρα γὰρ ὡς καταγέλαστος εἶ. 1020
Ἀλλὰ τὴν ἐξωμίδ' ἐνδύσω σε προσιοῦσ' ἐγώ.

Χ.ΓΕ. Τοῦτο μὲν μὰ τὸν Δί' οὐ πονηρὸν ἐποήσατε·
ἀλλ' ὑπ' ὀργῆς γὰρ πονηρᾶς καὶ τότ' ἀπέδυν ἐγώ.

Χ.ΓΥ. Πρῶτα μὲν φαίνει γ' ἀνήρ, εἶτ' οὐ καταγέλαστος εἶ.
Κεἴ με μὴ 'λύπεις, ἐγώ σου κἂν τόδε τὸ θηρίον 1025
τοὐπὶ τὠφθαλμῷ λαβοῦσ' ἐξεῖλον ἄν, ὃ νῦν ἔνι.

Χ.ΓΕ. Τοῦτ' ἄρ' ἦν με τοὐπιτρῖβον. Δακτύλιος ουτοσί·
ἐκσκάλευσον αὐτό, κᾆτα δεῖξον ἀφελοῦσά μοι·
ὡς τὸν ὀφθαλμόν γέ μου νὴ τὸν Δία πάλαι δάκνει.

Χ.ΓΥ. Ἀλλὰ δράσω ταῦτα· καίτοι δύσκολος ἔφυς ἀνήρ. 1030
Ἦ μέγ', ὦ Ζεῦ, χρῆμ' ἰδεῖν τῆς ἐμπίδος ἔνεστί σοι.
Οὐχ ὁρᾷς; Οὐκ ἐμπίς ἐστιν ἥδε Τρικορυσία;

Χ.ΓΕ. Νὴ Δί' ὤνησάς γέ μ', ὡς πάλαι γέ μ' ἐφρεωρύχει,
ὥστ' ἐπειδὴ 'ξῃρέθη, ῥεῖ μου τὸ δάκρυον πολύ.

Χ.ΓΥ. Ἀλλ' ἀποψήσω σ' ἐγώ, καίτοι πάνυ πονηρὸς εἶ, 1035
καὶ φιλήσω.

Χ.ΓΕ. Μὴ φιλήσῃς.

Χ.ΓΥ. Ἤν τε βούλῃ γ' ἤν τε μή.

Χ.ΓΕ. Ἀλλὰ μὴ ὥρας ἵκοισθ'· ὡς ἐστὲ θωπικαὶ φύσει,

fais la guerre, alors que tu pourrais, méchant, avoir en moi une amie sûre ?

LE CORYPHÉE. — Dis-toi que jamais je ne cesserai de haïr les femmes [180].

LA CORYPHÉE. — Eh bien, quand tu voudras ; mais à présent je ne veux du moins pas te laisser ainsi nu. Vois, en effet, comme tu es ridicule. Allons, je vais m'approcher de toi pour te mettre ton exomide [181]. *(Elle la lui passe, aidée d'autres femmes.)*

LE CORYPHÉE. — Ah ! cela, par Zeus, ce n'est pas mal de votre part. C'était sous l'empire d'une mauvaise colère que je l'avais ôtée tout à l'heure.

LA CORYPHÉE. — D'abord tu as bien l'air d'un homme, ensuite tu n'es plus ridicule. Si tu ne m'avais pas vexée, j'aurais pris et ôté de ton œil cette petite bête qui y est à présent.

LE CORYPHÉE. — C'est donc cela qui me faisait tant souffrir. Tiens, voici un anneau [182] : extrais l'insecte et montre-le-moi quand tu l'auras ôté ; car, par Zeus, il y a longtemps qu'il me mord l'œil.

LA CORYPHÉE. — Allons, je vais le faire, malgré ton caractère désagréable. Ô Zeus, qu'il est gros à voir, le cousin que tu as là ! *(Elle le retire.)* Vois-tu ? Ce cousin-ci n'est-il pas de Tricorythos [183] ?

180. Probablement parodie des v. 664 ss. de l'*Hippolyte* d'Euripide où le héros souligne sa haine des femmes

181. Cf. v. 662 où les vieillards avaient ôté leurs manteaux pour mieux se battre.

182. Utilisé comme sceau par les hommes appartenant aux classes les plus aisées ; on pouvait s'en servir pour extraire d'un œil un corps étranger.

183. Dème d'Attique, attaché à la Tétrapole, cf. v. 285 et note. Situé dans une région marécageuse, les insectes y proliféraient ; jeu de mots sur Tricorythos : "triple casque".

κἄστ' ἐκεῖνο τοὔπος ὀρθῶς κοὐ κακῶς εἰρημένον,
οὔτε σὺν πανωλέθροισιν οὔτ' ἄνευ πανωλέθρων.
'Αλλὰ νυνὶ σπένδομαί σοι, καὶ τὸ λοιπὸν οὐκέτι 1040
οὔτε δράσω φλαῦρον οὐδὲν οὔθ' ὑφ' ὑμῶν πείσομαι.
'Αλλὰ κοινῇ συσταλέντες τοῦ μέλους ἀρξώμεθα.

ΧΟ. Οὐ παρασκευαζόμεσθα — Str. 1.
τῶν πολιτῶν οὐδέν', ὦνδρες,
φλαῦρον εἰπεῖν οὐδὲ ἕν, 1045
ἀλλὰ πολὺ τοὔμπαλιν πάντ' ἀγαθὰ καὶ λέγειν καὶ
δρᾶν· ἱκανὰ γὰρ τὰ κακὰ καὶ τὰ παρακείμενα.
'Αλλ' ἐπαγγελλέτω πᾶς ἀνὴρ καὶ γυνή,
εἴ τις ἀργυρίδιον δεῖ- 1050
ται λαβεῖν, μνᾶς ἢ δύ' ἢ τρεῖς·
ὡς ἔσω 'στὶν
κἄχομεν βαλλάντια.
Κἄν ποτ' εἰρήνη φανῇ,
ὅστις ἂν νυνὶ δανείση- 1055
ται παρ' ἡμῶν,
ἢν λάβῃ μηκέτ' ἀποδῷ.
'Εστιᾶν δὲ μέλλομεν ξέ- — Str. 2.
νους τινὰς Καρυστίους, ἄνδρας καλούς τε κἀγαθούς. 1060
Κἄστιν ἔτνος τι· καὶ δελφάκιον ἦν τί μοι, καὶ
τοῦτο τέθυχ', ὥστε γεύσεσθ' ἁπαλὰ καὶ καλά.
῞Ηκετ' οὖν εἰς ἐμοῦ τήμερον· πρῴ δὲ χρὴ 1065
τοῦτο δρᾶν λελουμένους αὐ-
τούς τε καὶ τὰ παιδί', εἶτ' εἴ-
σω βαδίζειν,

LE CORYPHÉE. — Par Zeus, tu m'as rendu service. Car depuis longtemps il me forait comme un puits. Aussi, maintenant qu'il est enlevé, mes larmes coulent en abondance.

LA CORYPHÉE. — Eh bien, je t'essuierai, tout mauvais que tu es, et je te baiserai.

LE CORYPHÉE. — Ne baise pas.

LA CORYPHÉE. — Que tu veuilles ou non.

LE CORYPHÉE. — Eh bien, allez à la malheure, flatteuses que vous êtes. Il dit vrai, ce vers, et non sans raison :

> Avec ces pestes, rien ; rien non plus sans ces pestes [184].

Eh bien, maintenant je fais la paix avec toi : désormais je ne vous ferai plus de misères et de vous n'en aurai. Allons, formons un même groupe, et entonnons ensemble notre chant.

LES CHŒURS RÉUNIS. — (Aux spectateurs.) *Nous ne nous préparons pas, ô hommes, à dire le moindre mal d'aucun citoyen, mais bien au contraire à n'en dire et à ne leur faire que du bien ; car c'est assez des maux présents. Allons, que chacun fasse connaître, homme ou femme, s'il a besoin d'argent, deux ou trois mines * [185] ; nous en avons là-dedans et nous avons des bourses. Et si jamais la paix arrive, quiconque nous aura emprunté aujourd'hui, s'il a reçu, n'aura plus à rendre.*

184. La femme est un mal nécessaire, idée répandue dès Hésiode, *Travaux et Jours*, v. 58. Probablement, parodie de certains vers d'Archiloque ou de Sousarion, fr.1, v. 3. Martial, XII, 47, a bien traduit la pensée contenue dans ces vers : "Nec tecum possum vivere, nec sine te ! "Pour la réponse "idéalisée" des femmes, voir *Thesmophories*, 785 ss.

185. Une mine (457,6 g) coûte à 100 drachmes.

μηδ' ἐρέσθαι μηδένα,
ἀλλὰ χωρεῖν ἄντικρυς
ὥσπερ οἴκαδ' εἰς ἑαυτῶν
γεννικῶς, ὡς 1070
ἡ θύρα κεκλείσεται.

Καὶ μὴν ἀπὸ τῆς Σπάρτης οἱδὶ πρέσβεις ἕλκοντες ὑπήνας
χωροῦσ', ὥσπερ χοιροκομεῖον περὶ τοῖς μηροῖσιν ἔχοντες.
Ἄνδρες Λάκωνες, πρῶτα μέν μοι χαίρετε,
εἶτ' εἴπαθ' ἡμῖν πῶς ἔχοντες ἥκετε. 1075

ΛΑΚΩΝ

Τί δεῖ ποθ' ὑμὲ πολλὰ μυσίδδην ἔπη;
Ὁρῆν γὰρ ἔξεσθ' ὡς ἔχοντες ἵκομες.

ΧΟ. Βαβαί· νενεύρωται μὲν ἥδε συμφορὰ
δεινῶς τεθερμῶσθαί τε χεῖρον φαίνεται.

ΛΑ. Ἄφατα. Τί κα λέγοι τις; Ἀλλ' ὅπα σέλει 1080
παντᾷ τις ἐλσὼν ἁμὶν εἰράναν σέτω.

ΧΟ. Καὶ μὴν ὁρῶ καὶ τούσδε τοὺς αὐτόχθονας
ὥσπερ παλαιστὰς ἄνδρας ἀπὸ τῶν γαστέρων
θαἰμάτι' ἀποστέλλοντας· ὥστε φαίνεται
ἀσκητικὸν τὸ χρῆμα τοῦ νοσήματος. 1085

ΠΡΥ. Τίς ἂν φράσειε ποῦ 'στιν ἡ Λυσιστράτη;

Nous voulons traiter quelques hôtes carystiens [186], *des gens fort bien. Il reste encore de la purée ; j'avais aussi un cochon de lait que j'ai sacrifié* [187] *: aussi la chair que vous goûterez sera tendre et belle. Venez donc chez moi aujourd'hui, de bonne heure, entendez-vous bien, après le bain, vous et vos enfants. Entrez, sans interroger personne, marchez tout droit comme chez vous, et bravement, car la porte... restera fermée.*

LE CORYPHÉE. — Mais voici les ambassadeurs de Sparte, traînant leurs longs poils, qui s'avancent, avec une sorte de loge à pourceaux [188] autour des cuisses. — Salut d'abord, Laconiens ; ensuite dites-nous dans quel état vous arrivez.

UN LACONIEN. — Qu'est-il besoin de vous en dire long ? On peut voir dans quel état nous arrivons. *(Il ouvre son manteau.)*

LE CORYPHÉE. — Fichtre ! L'intensité qu'a prise ce... mal est effroyable, et l'inflammation paraît avoir empiré.

LE LACONIEN. — À un point indicible. Que dire ? Qu'on vienne nous donner la paix de toute façon, aux conditions qu'on voudra [189].

LE CORYPHÉE. — Justement je vois venir aussi ces gens du pays. Comme des lutteurs, ils écartent de leur

186. Carystos, cité d'Eubée, alliée d'Athènes. Récemment trois cents Carystiens étaient venus aider les Quatre Cents à prendre le pouvoir (Thucydide, VIII, 69), raison pour laquelle Aristophane les appelle hôtes. Selon le scholiaste, ils étaient dissolus.
187. Sacrifice d'action de grâces. La viande sera partagée entre les sacrifiants. À souligner dans ce passage une plaisanterie sur la fausse invitation comme sur le faux emprunt, cf. *Lysistrata*, v. 1213-1215, et *Assemblée des Femmes*, v. 1144 ss.
188. L'érection des Spartiates gonfle leur tunique.
189. En plus des questions d'hégémonie qui partageaient les Athéniens et les Lacédémoniens, des différends les opposaient sur les territoires conquis lors de leurs affrontements depuis 431, dont Pylos et Amphipolis.

'Ως ἄνδρες ἡμεῖς οὑτοιί τοιουτοιί.

ΧΟ. Χαὔτη ξυνᾴδει θἀτέρᾳ ταύτῃ νόσος.
Ἦ που πρὸς ὄρθρον σπασμὸς ὑμᾶς λαμβάνει;

ΠΡΥ. Μὰ Δί' ἀλλὰ ταυτὶ δρῶντες ἐπιτετρίμμεθα. 1090
Ὥστ' εἴ τις ἡμᾶς μὴ διαλλάξει ταχύ,
οὐκ ἔσθ' ὅπως οὐ Κλεισθένη βινήσομεν.

ΧΟ. Εἰ σωφρονεῖτε, θαἰμάτια λήψεσθ', ὅπως
τῶν ἑρμοκοπιδῶν μή τις ὑμᾶς ὄψεται.

ΠΡΥ Νὴ τὸν Δί' εὖ μέντοι λέγεις.

ΛΑ. Ναὶ τὼ σιὼ 1095
παντᾶ γα. Φέρε τὸ ἔσθος ἀμβαλώμεθα.

ΠΡΥ. Ὦ χαίρεθ', οἱ Λάκωνες· αἰσχρά γ' ἐπάθομεν.

ΛΑ. Ὦ πολυχαρείδα, δεινά γ' αὖ πεπόνθαμες,
αἴκ εἶδον ἁμὲ τὤνδρες ἀμπεφλασμένως.

ΠΡΥ. Ἄγε δή, Λάκωνες, αὔθ' ἕκαστα χρὴ λέγειν. 1100
Ἐπὶ τί πάρεστε δεῦρο;

ΛΑ. Περὶ διαλλαγᾶν
πρέσβης.

ΠΡΥ. Καλῶς δὴ λέγετε· χἠμεῖς τουτογί.
Τί οὐ καλοῦμεν δῆτα τὴν Λυσιστράτην,
ἥπερ διαλλάξειεν ἡμᾶς ἂν μόνη;

190. Les athlètes, habitués, à lutter nus supportaient difficilement le port des vêtements, qui les gênait au point de les rendre malades.
191. Étant efféminé, Clisthènes devra prendre la place des femmes pour soulager les hommes, cf. v. 616-624 et note.
192. À la veille de l'expédition de Sicile, en 415, des jeunes gens des meilleures familles d'Athènes ont mutilé les Hermès — bornes qua-

ventre leur manteau. Il semble que leur maladie est du genre « athlétique » [190].

Entre le Prytane.

LE PRYTANE. — Qui pourrait dire où est Lysistrata ? Car nous autres hommes, voyez en quel état nous sommes. *(Il ouvre son manteau.)*

LE CORYPHÉE. — Cette maladie-ci est toute pareille à cette autre. *(À l'Athénien.)* Sans doute que vers l'aube une crise vous prend ?

LE PRYTANE. — C'est pis, par Zeus ; à ce jeu-là nous sommes usés. Si bien que si on ne nous réconcilie promptement, il n'y a pas, il faudra que Clisthènes[191] y passe !

LE CORYPHÉE. — Si vous êtes sages, vous mettrez vos manteaux, pour n'être pas vus par quelque mutilateur des Hermès [192].

LE PRYTANE. — Par Zeus, tu as raison.

LE LACONIEN. — Oui, par les Dioscures, absolument. Allons, mettons notre manteau.

LE PRYTANE. — Salut, Laconiens. C'est honteux, ce qui nous arrive.

LE LACONIEN. — *(À l'un de ses concitoyens.)* Ah ! bien cher, c'est terrible pour nous que ces gens-là nous aient vus tout rigides.

LE PRYTANE. — Voyons, Laconiens, il faut préciser chaque point. Pourquoi êtes-vous venus ici ?

LE LACONIEN. — Pour la paix, comme ambassadeurs.

LE PRYTANE. — Bien dit ; et nous de même. Que n'appelons-nous donc Lysistrata, qui seule peut nous réconcilier ?

drangulaires placées le long des rues et aux carrefours, représentation du dieu — en coupant leurs têtes et les *phalloi* en érection qu'elles portaient. Cet acte de vandalisme provoqua un grand scandale qui allait se solder par de nombreux procès et par la désertion d'Alcibiade, un des généraux de l'expédition de Sicile, qui, accusé, préféra passer à l'ennemi. Cf. Thucydide, VI, 27-29; 53, 1-2 ; Andocide, I.

ΛΑ. Ναὶ τὼ σιώ, καὶ λῆτε, τὸν Λυΐστρατον. 1105

ΠΡΥ. Ἀλλ' οὐδὲν ἡμᾶς, ὡς ἔοικε, δεῖ καλεῖν·
αὐτὴ γάρ, ὡς ἤκουσεν, ἥδ' ἐξέρχεται.

ΧΟ. Χαῖρ', ὦ πασῶν ἀνδρειοτάτη· δεῖ δὴ νυνί σε γενέσθαι
δεινὴν⟨μαλακήν,⟩ ἀγαθὴν φαύλην, σεμνὴν ἀγανήν, πολύπειρον·
ὡς οἱ πρῶτοι τῶν Ἑλλήνων τῇ σῇ ληφθέντες ἴυγγι 1110
συνεχώρησάν σοι καὶ κοινῇ τἀγκλήματα πάντ' ἐπέτρεψαν.

ΛΥ. Ἀλλ' οὐχὶ χαλεπὸν τοὔργον, εἰ λάβοι γέ τις
ὀργῶντας ἀλλήλων τε μὴ 'κπειρωμένους.
Τάχα δ' εἴσομαι 'γώ. Ποῦ 'στιν ἡ Διαλλαγή;
Πρόσαγε λαβοῦσα πρῶτα τοὺς Λακωνικούς, 1115
καὶ μὴ χαλεπῇ τῇ χειρὶ μηδ' αὐθαδικῇ,
μηδ' ὥσπερ ἡμῶν ἄνδρες ἀμαθῶς τοῦτ' ἔδρων,
ἀλλ' ὡς γυναῖκας εἰκός, οἰκείως πάνυ.
Ἣν μὴ διδῷ τὴν χεῖρα, τῆς σάθης ἄγε.
Ἴθι καὶ σὺ τούτους τοὺς Ἀθηναίους ἄγε· 1120
οὗ δ' ἂν διδῶσι, πρόσαγε τούτου λαβομένη.
Ἄνδρες Λάκωνες, στῆτε παρ' ἐμὲ πλησίον,
ἐνθένδε δ' ὑμεῖς, καὶ λόγων ἀκούσατε.
Ἐγὼ γυνὴ μέν εἰμι, νοῦς δ' ἔνεστί μοι.
Αὐτὴ δ' ἐμαυτῆς οὐ κακῶς γνώμης ἔχω, 1125
τοὺς δ' ἐκ πατρός τε καὶ γεραιτέρων λόγους
πολλοὺς ἀκούσασ' οὐ μεμούσωμαι κακῶς.
Λαβοῦσα δ' ὑμᾶς λοιδορῆσαι βούλομαι
κοινῇ δικαίως, οἳ μιᾶς ἐκ χέρνιβος
βωμοὺς περιρραίνοντες ὥσπερ ξυγγενεῖς 1130

193. Jeu phonétique sur le nom de Lysistrata. Pour les Spartiates, il n'est pas important de savoir si celui qui dissout les armées est un homme ou une femme. Il est possible de voir dans cette tirade une allusion obscène, puisque Lysistratos était le nom d'un homosexuel réputé pour sa passivité, cf. *Guêpes*, 787. Aristophane critique l'homo-

LE LACONIEN. — Oui, par les Dioscures, et, si vous voulez, Lysistratos [193].

LE PRYTANE. — Mais nous n'avons nul besoin, à ce qu'il paraît, de l'appeler. D'elle-même, dès qu'elle a entendu, la voici qui vient.

Lysistrata sort de l'Acropole.

LE CORYPHÉE. — Salut, ô de toutes la plus brave ! C'est le moment de te faire terrible et douce, bonne et mauvaise, hautaine et aimable, pleine d'expérience. Car les premiers des Hellènes, pris par ton charme, te font place et d'un commun accord remettent tous leurs griefs à ta décision.

LYSISTRATA. — Mais la chose n'est pas difficile à faire si l'on prend les gens en pleine sève et ne cherchant pas à se satisfaire entre eux. Je le saurai bientôt. Où est la Conciliation [194] ? *(La Conciliation est amenée par la « méchanè », sous la forme d'une belle fille nue.)* Prends et amène d'abord les Laconiens, non d'une main dure et présomptueuse ni gauchement comme faisaient des hommes de chez nous, mais comme il sied à des femmes, tout gentiment ; celui qui ne te donne pas la main, conduis-le par le membre. *(La Conciliation amène les Lacédémoniens.)* Va, conduis aussi les Athéniens, en les prenant par l'endroit qu'ils t'offriront. *(Même jeu pour les Athéniens.)* — Laconiens, tenez-vous près de moi ; vous autres, de ce côté, et écoutez mes paroles.

Je suis femme, il est vrai, mais j'ai du jugement [195].

sexualité des Spartiates (cf. v. 614-624), dont Athénée se fait l'écho en XII, 602 d. On sait toutefois que les Athéniens n'étaient pas étrangers à ce type de pratique, cf. v. 1092 et note 191.

194. *Diallagè*, litt. "échange, changement de relations", d'où réconciliation. La Réconciliation peut être comprise comme la personnification de la Paix, cf. *Acharniens*, 989.

195. Citation d'un vers de *Mélanippe la philosophe*, d'Euripide, selon le scholiaste.

'Ολυμπίασιν, ἐν Πύλαις, Πυθοῖ — πόσους
εἴποιμ' ἂν ἄλλους, εἴ με μηκύνειν δέοι; —
ἐχθρῶν παρόντων βαρβάρῳ στρατεύματι
Ἕλληνας ἄνδρας καὶ πόλεις ἀπόλλυτε.
Εἷς μὲν λόγος μοι δεῦρ' ἀεὶ περαίνεται. 1135

ΠΡΥ. Ἐγὼ δ' ἀπόλλυμαί γ' ἀπεψωλημένος.

ΛΥ. Εἶτ', ὦ Λάκωνες, πρὸς γὰρ ὑμᾶς τρέψομαι,
οὐκ ἴσθ' ὅτ' ἐλθὼν δεῦρο Περικλείδας ποτὲ
ὁ Λάκων Ἀθηναίων ἱκέτης καθέζετο
ἐπὶ τοῖσι βωμοῖς ὠχρὸς ἐν φοινικίδι 1140
στρατιὰν προσαιτῶν; Ἡ δὲ Μεσσήνη τότε
ὑμῖν ἐπέκειτο χὠ θεὸς σείων ἅμα.
Ἐλθὼν δὲ σὺν ὁπλίταισι τετρακισχιλίοις
Κίμων ὅλην ἔσωσε τὴν Λακεδαίμονα.
Ταυτὶ παθόντες τῶν Ἀθηναίων ὕπο 1145
δῃοῦτε χώραν, ἧς ὑπ' εὖ πεπόνθατε;

ΠΡΥ. Ἀδικοῦσιν οὗτοι νὴ Δί', ὦ Λυσιστράτη.

ΛΑ. Ἀδικίομες· ἀλλ' ὁ πρωκτὸς ἄφατον ὡς καλός.

ΛΥ. Ὑμᾶς δ' ἀφήσειν τοὺς Ἀθηναίους ⟨μ'⟩ οἴει;
Οὐκ ἴσθ' ὅθ' ὑμᾶς οἱ Λάκωνες αὖθις αὖ 1150
κατωνάκας φοροῦντας ἐλθόντες δορὶ
πολλοὺς μὲν ἄνδρας Θετταλῶν ἀπώλεσαν,
πολλοὺς δ' ἑταίρους Ἱππίου καὶ ξυμμάχους,
καὶ ξυμμαχοῦντες τῇ τόθ' ἡμέρᾳ μόνοι
ἠλευθέρωσαν κἀντὶ τῆς κατωνάκης 1155

196. Sanctuaires panhelléniques (Olympie : de Zeus ; Pytho ou Delphes : Apollon ; Anthéa, près des Thermopyles : Déméter Pylaia).
197. C'est-à-dire les Perses.
198. Citation d'un vers de *l'Érechthée* d'Euripide.
199. Poséidon. Lysistrata évoque ici le tremblement de terre qui secoua Sparte, en 464 av. J.-C. Profitant de la confusion, les hilotes (dépendants ruraux) de Messénie se révoltèrent et s'installèrent sur le mont Ithome. Incapables de mater cette révolte, les Spartiates envoyèrent des ambassadeurs à Athènes pour solliciter son secours.

De moi-même j'ai pas mal de discernement, et, pour avoir souvent écouté parler mon père et des personnes d'âge, je ne suis pas mal instruite. Puisque je vous tiens, je veux vous faire à tous de justes reproches, vous qui d'une ablution commune arrosez les autels, comme des enfants de la même famille, à Olympie, aux Thermopyles, à Pytho [196] *(*combien d'autres lieux je citerais, si je devais m'étendre*)*, quand vos ennemis les Barbares [197] sont là en armes, vous tuez des Hellènes et détruisez leurs cités !

Voici le premier point de mon discours fini[198].

LE PRYTANE. — *(Dévorant des yeux la Conciliation.)* Et moi je me meurs tout déprépucé.

LYSISTRATA. — Maintenant, Laconiens, car c'est à vous que je m'adresse, ne savez-vous pas que jadis vint ici Périclidas le Laconien, en suppliant les Athéniens, s'asseoir sur les autels, blême dans un vêtement écarlate, pour demander une armée ? Messène alors vous pressait et en même temps le dieu ébranlait votre sol [199]. Cimon partit avec quatre mille hoplites et sauva totalement Lacédémone [200]. Voilà ce qu'ont fait pour vous les Athéniens, et vous dévastez le pays de qui vous tenez ce bienfait !

LE PRYTANE. — Par Zeus, Lysistrata, ils ont tort.

LE LACONIEN. — Nous avons tort. *(À part et montrant la Conciliation.)* Mais que cette croupe est ineffablement belle !

LYSISTRATA. — Et vous, Athéniens, pensez-vous que je veuille vous absoudre ? Ne savez-vous pas que les Laconiens à leur tour, quand vous portiez la casaque servile [201], vinrent en armes, qu'ils tuèrent quantité de

200. Discours plus grandiloquent que véridique. Nous ne savons pas le nombre exact des soldats partis pour la Messénie.
201. Manteau de laine, dont la partie inférieure était en peau de mouton, porté surtout par les esclaves (*Assemblée des Femmes*, 724) et les laboureurs; pris au sens figuré.

τὸν δῆμον ὑμῶν χλαῖναν ἠμπέσχον πάλιν;

ΛΑ. Οὔπα γυναῖκ' ὄπωπα χαϊωτέραν.

ΠΡΥ. Ἐγὼ δὲ κύσθον γ' οὐδέπω καλλίονα.

ΛΥ. Τί δῆθ' ὑπηργμένων γε πολλῶν κἀγαθῶν
μάχεσθε κοὐ παύεσθε τῆς μοχθηρίας; 1160
Τί δ' οὐ διηλλάγητε; Φέρε, τί τοὐμποδών,

ΛΑ. Ἀμές γα λῶμες, αἴ τις ἁμὶν τὤγκυκλον
λῇ τοῦτ' ἀποδόμεν.

ΛΥ. Ποῖον, ὦ τᾶν;

ΛΑ. Τὰν Πύλον,
τᾶσπερ πάλαι δεόμεθα καὶ βλιμάδδομες.

ΠΡΥ. Μὰ τὸν Ποσειδῶ τοῦτο μέν γ' οὐ δράσετε. 1165

ΛΥ. Ἄφετ', ὠγάθ', αὐτοῖς.

ΠΡΥ. Κᾆτα τίνα κινήσομεν;

ΛΥ. Ἕτερόν γ' ἀπαιτεῖτ' ἀντὶ τούτου χωρίον.

ΠΡΥ. Τὸ δεῖνα τοίνυν, παράδοθ' ἡμῖν τουτονὶ
πρώτιστα τὸν Ἐχινοῦντα καὶ τὸν Μηλιᾶ
κόλπον τὸν ὄπισθεν καὶ τὰ Μεγαρικὰ σκέλη. 1170

ΛΑ. Οὐ τὼ σιώ, οὐκὶ πάντα γ', ὦ λισσάνιε.

ΛΥ. Ἐᾶτε, μηδὲν διαφέρου περὶ σκελοῖν.

ΠΡΥ. Ἤδη γεωργεῖν γυμνὸς ἀποδὺς βούλομαι.

ΛΑ. Ἐγὼν δὲ κοπραγωγῆν γα πρῴ ναὶ τὼ σιώ.

ΛΥ. Ἐπὴν διαλλαγῆτε, ταῦτα δράσετε. 1175

202. Sur le renversement de ce tyran, cf. vv. 273, 619 et note.
203. Vêtement élégant et cher, porté par les hommes libres.
204. Cf. v. 91 et note.
205. Vêtement rond pour femmes, cf. v. 113 et note. Ce mot est utilisé métaphoriquement pour les rondeurs de la femme.
206. Cf. v. 104 et note. Cette rondeur sied bien à Pylos qui, dans les *Cavaliers*, 54-55, est comparée à une galette. Cependant il signifie aussi "porte", ce qui dans ce contexte peut indiquer le sexe. Tâter, *blimazein*, ici les "préliminaires" amoureux.
207. Ou Échinos, ville de Thessalie, au nord-ouest du golfe Maliaque,

Thessaliens et quantité de partisans et alliés d'Hippias[202] ? que, seuls à combattre avec vous en ce jour, ils vous rendirent la liberté, et, au lieu de la casaque servile, firent reprendre à votre peuple le manteau de laine [203] ?

LE LACONIEN. — *(Montrant Lysistrata.)* Onques ne vis femme plus noble[204].

LE PRYTANE. — *(Montrant la Conciliation.)* Et moi jamais plus beau devant.

LYSISTRATA. — Pourquoi donc, quand vous vous êtes rendu tant de services, vous faire la guerre et ne pas mettre fin à vos mauvais sentiments ? Que ne vous réconciliez-vous ? Voyons, qui vous empêche ?

LE LACONIEN. — Nous, nous voulons bien, si l'on consent à nous rendre *(Désignant la croupe de la Conciliation)* cet encycle*[205].

LYSISTRATA. — Lequel, mon bon ?

LE LACONIEN. — Cette Pylos[206] que depuis longtemps nous demandons et voulons... tâter. *(Geste expressif.)*

LE PRYTANE. — Non, par Poséidon, pour cela vous n'y réussirez pas.

LYSISTRATA. — Cédez-leur, mon brave.

LE PRYTANE. — Et après, qui manœuvrerons-nous ?

LYSISTRATA. — Réclamez une autre place en échange.

LE PRYTANE. — Une idée ! Livrez-nous tout d'abord cet Échinous [207], et le golfe Maliaque [208], qui est derrière, et les jambes de Mégare [209].

contrôlée par les Spartiates depuis 426 (Thucydide, III, 92-3). *Echinos* signifie aussi hérisson.

208. Double calembour : *kolpos* signifie "golfe" et "vulve" ; Maliaque évoque le mot "coings", à entendre ici comme les seins d'une femme.

209. Cité de Béotie, Mégare avait été une alliée d'Athènes avant la guerre du Péloponnèse (Cf. Thucydide, 1, 103). Le mot *skelè*, jambes, est utilisé ici à la place de *teichè*, murs, pour compléter le cadre des exigences athéniennes concernant le corps de Réconciliation.

'Αλλ' εἰ δοκεῖ δρᾶν ταῦτα, βουλεύσασθε καὶ
τοῖς ξυμμάχοις ἐλθόντες ἀνακοινώσατε.

ΠΡΥ. Ποίοισιν, ὦ τᾶν, ξυμμάχοις; 'Εστύκαμεν.
Οὐ ταὐτὰ δόξει τοῖσι συμμάχοισι νῷν,
βινεῖν, ἅπασιν;

ΛΑ. Τοῖσι γῶν ναὶ τὼ σιὼ 1180
ἁμοῖσι.

ΠΡΥ. Καὶ γὰρ ναὶ μὰ Δία Καρυστίοις.

ΛΥ. Καλῶς λέγετε. Νῦν οὖν ὅπως ἁγνεύσετε,
ὅπως ἂν αἱ γυναῖκες ὑμᾶς ἐν πόλει
ξενίσωμεν ὧν ἐν ταῖσι κίσταις εἴχομεν.
Ὅρκους δ' ἐκεῖ καὶ πίστιν ἀλλήλοις δότε. 1185
Κἄπειτα τὴν αὑτοῦ γυναῖχ' ὑμῶν λαβὼν
ἄπεισ' ἕκαστος.

ΠΡΥ. 'Αλλ' ἴωμεν ὡς τάχος.

ΛΑ. Ἄγ' ὅπα τυ λῇς.

ΠΡΥ. Νὴ τὸν Δί' ὡς τάχιστ' ἄγε.

ΧΟ. Στρωμάτων δὲ ποικίλων καὶ — Ant. 1.
χλανιδίων καὶ ξυστίδων καὶ 1190
χρυσίων, ὅσ' ἐστί μοι,
οὐ φθόνος ἔνεστί μοι πᾶσι παρέχειν φέρειν τοῖς
παισίν, ὁπόταν τε θυγάτηρ τινὶ κανηφορῇ.
Πᾶσιν ὑμῖν λέγω λαμβάνειν τῶν ἐμῶν
χρημάτων νῦν ἔνδοθεν, καὶ 1195
μηδὲν οὕτως εὖ σεσημάν-
θαι τὸ μὴ οὐχὶ
τοὺς ῥύπους ἀνασπάσαι,
χἄττ' ⟨ἂν⟩ ἔνδον ᾖ φορεῖν.

LE LACONIEN. — Non, par les Dioscures, pas tout du moins, mon brave.

LYSISTRATA. — Laissez donc. *(À l'Athénien.)* Ne dispute pas pour une paire de jambes.

LE PRYTANE — À présent je veux ôter mes vêtements et labourer sans manteau [210]. *(Il ôte son manteau.)*

LE LACONIEN. — Et moi, charrier du fumier [211], qui plus est, par les Dioscures.

LYSISTRATA. — Une fois la paix conclue, vous ferez tout cela. Mais s'il vous plaît de le faire, délibérez et allez vous concerter avec vos alliés.

LE PRYTANE. — Que dis-tu, ma bonne ? des alliés ? Nous sommes en rut ! Ne voudront-ils pas, comme nous-mêmes, faire l'amour, nos alliés, tous tant qu'il sont ?

LE LACONIEN. — Les nôtres, du moins, par les Dioscures.

LE PRYTANE — Même, par Zeus, les Carystiens [212].

LYSISTRATA. — Vous dites bien. Maintenant donc songez à vous purifier, afin que nous, les femmes, nous vous traitions en hôtes dans l'Acropole [213] avec tout ce que nous avons dans nos paniers. Là, échangez vos serments et votre foi. Puis chacun de vous reprendra sa femme et s'en ira.

LE PRYTANE — Eh bien, allons-y au plus vite.

LE LACONIEN. — Conduis-nous où tu voudras.

210. Cf. Hésiode, *Travaux et Jours*, 391. Ici la métaphore agricole est utilisée pour évoquer l'amour avec une femme, sur ce point cf. *Acharniens*, 989-999.

211. Métaphore agricole pour évoquer la sodomie.

212. Cf. v. 1059 et note.

213. Les bienfaiteurs de la patrie, les champions olympiques, les ambassadeurs, entre autres, étaient invités à dîner au Prytanée, aux frais de l'État (Aristote, *Constitution d'Athènes*, XXIV, 3 et LXII, 2). Ici le banquet aura lieu à l'Acropole, tenue par les femmes et devenue, tout au long de la pièce, le siège du religieux et du politique à Athènes.

Ὄψεται δ' οὐδὲν σκοπῶν, εἰ 1200
μή τις ὑμῶν
ὀξύτερον ἐμοῦ βλέπει.
Εἰ δέ τῳ μὴ σῖτος ὑμῶν Ant. 2.
ἔστι, βόσκει δ' οἰκέτας καὶ
σμικρὰ πολλὰ παιδία, 1205
ἔστι παρ' ἐμοῦ λαβεῖν πυρίδια λεπτὰ μέν, ὁ δ'
ἄρτος ἀπὸ χοίνικος ἰδεῖν μάλα νεανίας.
Ὅστις οὖν βούλεται τῶν πενήτων ἴτω
εἰς ἐμοῦ σάκους ἔχων καὶ
κωρύκους· ὡς λήψεται πυ- 1210
ρούς. Ὁ Μανῆς δ'
οὑμὸς αὐτοῖς ἐμβαλεῖ.
Πρός γε μέντοι τὴν θύραν
προαγορεύω μὴ βαδίζειν
τὴν ἐμήν, ἀλλ'
εὐλαβεῖσθαι τὴν κύνα. 1215

ΠΡΥ. Ἄνοιγε τὴν θύραν σύ. Παραχωρεῖν σ' ἔδει.
Ὑμεῖς, τί κάθησθε; Μῶν ἐγὼ τῇ λαμπάδι
ὑμᾶς κατακαύσω; Φορτικὸν τὸ χωρίον.
Οὐκ ἂν ποήσαιμ'. Εἰ δὲ πάνυ δεῖ τοῦτο δρᾶν,
ὑμῖν χαρίζεσθαι ταλαιπωρήσομεν. 1220

ΑΘΗΝΑΙΟΣ
Χἠμεῖς γε μετὰ σοῦ ξυνταλαιπωρήσομεν.

ΠΡΥ. Οὐκ ἄπιτε; Κωκύσεσθε τὰς τρίχας μακρά.
Οὐκ ἄπιθ', ὅπως ἂν οἱ Λάκωνες ἔνδοθεν

LE PRYTANE — Oui, par Zeus, et le plus vite possible.

Ils entrent dans l'Acropole.

LE DEMI-CHŒUR DES FEMMES. — *Tapisseries brodées, mantelets de laine, tuniques fines, bijoux en or, tout ce que j'ai, je ne refuse pas d'offrir à chacun de l'emporter pour ses enfants et pour sa fille lorsqu'elle sera canéphore. Tous, je vous invite à prendre chez moi de mes effets ; il n'y a rien de si bien scellé qu'on ne puisse rompre les cachets d'argile et emporter le contenu. Mais on ne verra rien, si bien qu'on regarde, à moins que l'un de vous n'ait la vue plus perçante que moi.*

Si l'un de vous manque de vivres, ayant à nourrir des serviteurs et une foule de petits enfants, il peut prendre chez moi du froment en grains : il est tout battu, mais mon pain d'une chénice [214]*, à le voir, est bien frais. Qui donc voudra parmi les pauvres n'a qu'à venir chez moi avec des sacs et des besaces ; il recevra du grain : mon Manès* [215] *le leur versera. Toutefois je préviens de ne pas approcher de ma porte, mais de prendre garde au chien.*

LE PRYTANE. — *(Frappant à la porte de l'Acropole. — À la Coryphée.)* Ouvre la porte, toi. Range-toi, voyons ! *(Aux femmes qui se pressent devant la porte.)* Et vous, qu'avez-vous à rester là ? Voulez-vous qu'avec ma torche je vous brûle ? - Non le procédé est grossier par trop. Je n'en ferai rien. — Si pourtant il le faut absolument, pour vous faire plaisir, nous en prendrons la peine.

UN ATHÉNIEN — Et nous, nous la prendrons avec toi.

LE PRYTANE. — Voulez-vous partir ? ou vous pleurerez longtemps vos cheveux. *(Il approche sa torche. Les*

214. Manès : cf. v. 908 et note.
215. Chénice : L'unité de mesure pour les grains est le cotyle, qui est égal à 0,27 litre; une chénice est égale à quatre cotyles, donc à 1,08 litre.

καθ' ἡσυχίαν ἀπίωσιν εὐωχημένοι;

ΑΘ. Οὔπω τοιοῦτον συμπόσιον ὄπωπ' ἐγώ. 1225
Ἦ καὶ χαρίεντες ἦσαν οἱ Λακωνικοί·
ἡμεῖς δ' ἐν οἴνῳ συμπόται σοφώτατοι.

ΠΡΥ. Ὀρθῶς γ', ὁτιὴ νήφοντες οὐχ ὑγιαίνομεν.
Ἢν τοὺς Ἀθηναίους ἐγὼ πείσω λέγων,
μεθύοντες ἀεὶ πανταχοῖ πρεσβεύσομεν. 1230
Νῦν μὲν γὰρ ὅταν ἔλθωμεν εἰς Λακεδαίμονα
νήφοντες, εὐθὺς βλέπομεν ὅ τι ταράξομεν·
ὥσθ' ὅ τι μὲν ἂν λέγωσιν οὐκ ἀκούομεν,
ἃ δ' οὐ λέγουσι, ταῦθ' ὑπονενοήκαμεν,
ἀγγέλλομεν δ' οὐ ταὐτὰ τῶν αὐτῶν πέρι. 1235
Νυνὶ δ' ἅπαντ' ἤρεσκεν· ὥστ' εἰ μέν γέ τις
ᾄδοι Τελαμῶνος, Κλειταγόρας ᾄδειν δέον,
ἐπῃνέσαμεν ἂν καὶ πρὸς ἐπιωρκήσαμεν.
Ἀλλ' οὑτοιὶ γὰρ αὖθις ἔρχονται πάλιν
εἰς ταὐτόν. Οὐκ ἐρρήσετ', ὦ μαστιγίαι; 1240

ΑΘ. Νὴ τὸν Δί'· ὡς ἤδη γε χωροῦσ' ἔνδοθεν.

ΛΑ. Ὦ πολυχαρείδα, λαβὲ τὰ φυσατήρια,
ἵν' ἐγὼν διποδιάξω τε κἀείδω καλὸν
ἐς τὼς Ἀσαναίως τε χἄμ' ἄεισμ' ἁμᾶ.

ΠΡΥ. Λαβὲ δῆτα τὰς φυσαλλίδας πρὸς τῶν θεῶν· 1245
ὡς ἥδομαί γ' ὑμᾶς ὁρῶν ὀρχουμένους.

femmes s'en vont. Au Chœur des Vieillards.) Voulez-vous partir ? pour que les Laconiens puissent s'en aller de là-dedans en tranquillité, une fois régalés.

Les Vieillards se retirent.

UN ATHÉNIEN. — Jamais pareil festin je ne vis. En vérité, même les Laconiens étaient charmants. Et nous, en buvant du vin, nous fûmes des convives très sages.

LE PRYTANE. — C'est logique, puisque, à jeun, nous n'avons pas le bon sens. Si les Athéniens veulent m'écouter, nous serons toujours ivres[216] partout où nous irons en ambassade. Actuellement, quand nous allons à Lacédémone sans boire, aussitôt nous cherchons ce que nous pourrons bien brouiller. Si bien que ce qu'ils disent, nous ne l'écoutons pas ; c'est ce qu'ils ne disent pas que nous supposons être, et nos rapports ne s'accordent pas sur les mêmes objets. Mais cette fois tout nous plaisait ; au point que si quelqu'un chantait le *Télamon* [217]quand il fallait chanter le *Clitagoras*, nous déclarions que c'était bien, même avec un faux serment. *(La troupe chassée revient.)* Mais les voilà qui reviennent au même endroit. Voulez-vous aller à la male heure, gibier de fouet. *(Ils s'en vont de nouveau.)*

L'ATHÉNIEN. — Oui, par Zeus. Car les voilà qui sortent.

216. Renversement comique, puisque l'on pensait que l'esprit du vin n'était pas compatible avec les bonnes décisions politiques, cf. *Guêpes*, 1253 ss. ; *Assemblée des Femmes*, 137 ss. ; *Ploutos*, 1047-1048.

217. Scholies chantés pendant les banquets. Nous ne savons pas dans quel ordre ils devaient être exécutés. Aristophane nous a transmis un morceau du *Clitagoras*, *Guêpes*, 1245-1247, et Athénée, 695 b-c, le début du *Télamon*.

ΛΑ. Ὅρμαὸν τῷ κυρσανίῳ, Μναμόνα,
τὰν τεὰν Μῶἀν, ἅτις
οἶδεν ἁμὲ τώς τ' Ἀσαναί- 1250
ως, ὅκα τοὶ μὲν ἐπ' Ἀρταμιτίῳ
πρώκροον συείκελοι
ποττὰ κᾶλα τὼς Μήδως τ' ἐνίκων·
ἁμὲ δ' αὖ Λεωνίδας
ἆγεν ἇπερ τὼς κάπρως σά- 1255
γοντας, οἰῶ, τὸν ὀδόντα· πολὺς δ'
ἀμφὶ τὰς γένυας ἀφρὸς ἤνσεεν, πολὺς δ' ἁμᾶ καττῶν σκελῶν ἵετο.
Ἦν γὰρ τὤνδρες οὐκ ἐλάσσως 1260
τᾶς ψάμμας τοὶ Πέρσαι.
Ἀγροτέρα σηροκτόνε, μόλε δεῦρο, παρσένε σιά,
ποττὰς σπονδάς,
ὡς συνέχῃς πολὺν ἁμὲ χρόνον. Νῦν δ' 1265
αὖ φιλία τ' ἀὲς εὔπορος εἴη
ταῖσι συνθήκαισι, καὶ τᾶν αἱμυλᾶν ἀ-
λωπέκων παυαίμεθα. 1270
Ὦ, δεῦρ' ἴθι, δεῦρο,
ὦ κυναγὲ παρσένε.

218. Danse lacédémonienne, cf. Cratinos, fr. 2, 109.
219. *Mnamona*, forme dorique de Mnemosyné, mère des Muses et personnification de Mémoire, cf. Hésiode, *Théogonie*, 45-54 ; 915.
220. Promontoire, au nord de l'Eubée, où a eu lieu une bataille navale entre Grecs et Perses au printemps de l'année 480.

Entrent les deux Chœurs, celui des Laconiens et celui des Athéniens, avec un joueur de flûtes ; après eux les femmes sortent de l'Acropole sous la conduite de Lysistrata.

UN LACONIEN. — *(Au flûtiste.)* Mon bien gracieux, prends tes flûtes ; que je danse la dipodie [218] et chante un beau chant pour les Athéniens et pour nous-mêmes en même temps.

LE PRYTANE. — *(Au même.)* Prends donc tes pipeaux, au nom des dieux ; car j'ai un vrai plaisir à vous voir danser.

UN LACONIEN. — *Envoie à ton jeune chanteur, Mnémoné* [219]*, ta muse qui connaît nos exploits et ceux des Athéniens, quand ceux-ci, à Artémision* [220]*, s'élancèrent pareils à des sangliers sur les vaisseaux et vainquirent les Mèdes. Nous, d'autre part, Léonidas* [221] *nous conduisait comme des verrats, je pense, aiguisant leurs défenses. Abondante sur nos joues moussait l'écume, abondante en même temps elle découlait des jambes. Car les guerriers n'étaient pas moins nombreux que les grains de sable du côté des Perses.*

Chasseresse [222]*, tueuse de bêtes, viens ici, vierge divine ; assiste à notre trêve, afin que tu nous tiennes unis pour longtemps. Que désormais règne une amitié féconde grâce à nos conventions, et puissions-nous en avoir fini avec les rusés renards. Ô viens ici, ici, vierge chasseresse.*

221. Général spartiate qui sacrifia sa vie et celle de trois cents Spartiates dans le défilé des Thermopyles en 480 pour éviter l'avancée des Perses sur le continent (Hérodote, VII, 21).

222. *Agrotera*, épithète d'Artémis. Les Athéniens célébraient le 6 Boedromion (septembre-octobre) la date anniversaire d'Artémis avec un sacrifice de cinq cents chèvres et avec des défilés militaires organisés par l'archonte polémarque qui conduisaient les fidèles à son sanctuaire, à Agrai. Cette fête était associée à la victoire des Athéniens sur les Perses, à Marathon, en 490. Cf. *Cavaliers* , 660; Xénophon, *Anabase*, III, 2, 12 .

ΠΡΥ. Ἄγε νυν ἐπειδὴ τἆλλα πεπόηται καλῶς,
ἀπάγεσθε ταύτας, ὦ Λάκωνες, τασδεδὶ
ὑμεῖς· ἀνὴρ δὲ παρὰ γυναῖκα καὶ γυνὴ 1275
στήτω παρ' ἄνδρα, κᾆτ' ἐπ' ἀγαθαῖς ξυμφοραῖς
ὀρχησάμενοι θεοῖσιν εὐλαβώμεθα
τὸ λοιπὸν αὖθις μὴ 'ξαμαρτάνειν ἔτι.

ΧΟ. Πρόσαγε χορόν, ἔπαγε χάριτας,
ἐπὶ δὲ κάλεσον Ἄρτεμιν, 1280
ἐπὶ δὲ δίδυμον ἀγέχορον Ἰήιον
εὔφρον', ἐπὶ δὲ Νύσιον,
ὃς μετὰ μαινάσιν ὄμμασι δαίεται,
Δία τε πυρὶ φλεγόμενον, ἐπὶ δὲ 1285
πότνιαν ἄλοχον ὀλβίαν·
εἶτα δὲ δαίμονας, οἷς ἐπιμάρτυσι
χρησόμεθ' οὐκ ἐπιλήσμοσιν
ἡσυχίας πέρι τῆς ἀγανόφρονος,
ἣν ἐπόησε θεὰ Κύπρις. 1290
Ἀλαλαί, ἰὴ παιών.
Αἴρεσθ' ἄνω, ἰαί,
ὡς ἐπὶ νίκῃ, ἰαί.
Εὐοῖ, εὐοῖ, εὐαῖ, εὐαῖ.

ΠΡΥ. Λάκων, πρόφαινε δὴ σὺ μοῦσαν ἔτι νέαν. 1295

223. Les Grâces, Euphrosyné, Thalie et Aglaé, sont filles de Zeus et d'Eurynomé, déesses amies du chant et de la danse.
224. Apollon.
225. Lieu mythique où serait né Dionysos. On place cette montagne soit en Asie, soit en Éthiopie, soit en Afrique.

Le Prytane. — Voyons, maintenant que tout est fait à souhait, Laconiens *(Montrant les femmes de la suite de Lampito),* emmenez ces femmes ; — *(Aux Athéniens.)* Et vous, celles-ci. Que le mari se tienne près de sa femme, la femme près de son mari ; puis, après avoir fêté cet heureux succès par des danses en l'honneur des dieux, gardons-nous bien à l'avenir de retomber dans les mêmes fautes.

Le Chœur des Athéniens. — *Fais avancer le chœur, amène les Charites* [223], *invoque Artémis, invoque son frère jumeau* [224], *conducteur des chœurs, le bon Guérisseur ; invoque le dieu de Nysa* [225], *Bacchos, dont les yeux étincellent parmi les Ménades* [226] *; invoque Zeus éblouissant de feu ; invoque son épouse auguste et bienheureuse ; et ensuite les divinités qui nous seront des témoins, incapables d'oublier, de cette douce quiétude* [227], *œuvre de la déesse Cypris. Alalai ! iè ! péan ! Bondissez en l'air, iai ! comme à l'occasion d'une victoire, iai ! évoi ! évoi ! évai ! évai !*

Le Prytane. — Laconien, fais entendre encore un chant nouveau.

226. Femmes possédées, appartenant au cortège de Dionysos, elles sont appelées aussi Bacchantes. Couronnées de lierre et couvertes de peau de faon, portant le thyrse, jouant de la double flûte, les Ménades célèbrent le dieu par des danses frénétiques. Dans leurs courses effrénées par les montagnes *(oribasie)* elles déchiquetaient des animaux sauvages *(sparagmos)* et les mangeaient crus *(omophagie).*

227. Mot du vocabulaire politique athénien qui signifie paix civile, tranquillité et liberté d'action, ce que les Athéniens n'avaient pas connu depuis bien longtemps, eux qui s'adonnaient à l'activisme politique, cf. Thucydide, I, 70-71.

ΛΑ. Ταΰγετον αὖτ' ἐραννὸν ἐκλιπῶά,
Μῶά μόλε, ⟨μόλε,⟩ Λάκαινα, πρεπτὸν ἁμὶν
κλέωά τὸν Ἀμύκλαις σιὸν
καὶ Χαλκίοικον ἄνασσαν, 1300
Τυνδαρίδας τ' ἀγασώς,
τοὶ δὴ πὰρ Εὐρώταν ψιάδδοντι.
Εἶα μάλ' ἔμβη,
ὢ εἶα κοῦφα πᾶλον,
ὡς Σπάρταν ὑμνίωμες, 1305
τᾷ σιῶν χοροὶ μέλοντι
καὶ ποδῶν κτύπος,
⟨ὄχ'⟩ ἇτε πῶλοι ταὶ κόραι
πὰρ τὸν Εὐρώταν
ἀμπαδίοντι, πυκνὰ ποδοῖν 1310
ἀγκονίωαί,
ταὶ δὲ κόμαι σείονται
ἇπερ Βακχᾶν θυρσαδδωᾶν καὶ παιδδωᾶν.
Ἁγῆται δ' ἁ Λήδας παῖς
ἁγνὰ χοραγὸς εὐπρεπής. 1315
Ἀλλ' ἄγε, κόμαν παραμπύκιδδε χερὶ ποδοῖν τε πάδη
ᾇ τις ἔλαφος, κρότον δ' ἁμᾶ ποίη χορωφελήταν,
καὶ τὰν κρατίσταν παμμάχον, τὰν Χαλκίοικον ὕμνη. 1320

228. Cité du Péloponnèse, proche de Sparte. Apollon y avait un sanctuaire où étaient célébrées les Hyacinthies et les Carneia.
229. C'est-à-dire les Dioscures, Castor et Pollux.
230. Fleuve de Laconie qui baigne Sparte et déverse ses eaux dans le golfe Saronique.

UN LACONIEN. — *Quitte encore l'aimable Taygète, Muse laconienne, et viens, viens glorifier le dieu d'Amyclées* [228]*, digne de notre respect, et Athéna au temple de bronze, et les vaillants Tyndarides* [229]*, qui le long de l'Eurotas* [230] *prennent leurs ébats. Allons ferme, fais un pas ; oh ! allons, bondis avec légèreté, pour que nous célébrions Sparte qui aime les chœurs des dieux et le battement des pieds, lorsque, pareilles à des pouliches, les jeunes filles le long de l'Eurotas bondissent, à pas pressés soulevant la poussière ; et les chevelures s'agitent comme celles des Bacchantes brandissant le thyrse* [231] *et s'ébattant. À leur tête, la chaste fille de Léda* [232] *mène le chœur, belle à voir.*

Eh bien, allons, que ta main entoure ta chevelure d'une bandelette, et de tes pieds bondis, telle une biche ; en même temps, fais entendre un battement qui aide à la danse, et chante la très puissante et toute guerrière déesse au temple de bronze.

Tous sortent en chantant et dansant.

231. Bâton surmonté d'une pigne, recouvert de lierre, porté par Dionysos, les satyres et les Bacchantes.

232. Hélène était honorée à Sparte comme une déesse de la végétation, d'ou l'épiclèse, *hagna*, chaste qui apparaît ici (cf. Pausanias, III, 19, 10). À Amyclées, elle était honorée en tant que divinité à côté de son époux Ménélas. Il est toutefois probable qu'Aristophane finisse sa comédie par une boutade : Hélène était celle qui incarnait pour les Grecs à la fois tous les dons et tous les défauts de la femme, elle qui était en quelque sorte le double d'Aphrodite, la divinité à l'honneur dans cette pièce.

LEXIQUE

*(dans le texte, les noms sont appelés par un *)*

Agôn : « lutte », « concours ». Mot du vocabulaire de la guerre et de la gymnastique, ce mot sert aussi à désigner le concours poétique.

Amorgides : tuniques légères et transparentes, fabriquées à Amorgos, île des Cyclades.

Anthestérion : mois du calendrier attique (janv.-fév.).

Bacchos : en grec, *Baccheion*, groupement religieux formé par des hommes ou des femmes dans le but d'honorer Dionysos.

Boédromion : mois attique (août-septembre).

Cimbériques : robes longues, sans ceinture et par conséquent « qui se tiennent droites » *(orthostadia)*.

Chénice : égale à quatre cotyles, donc à 1,08 l.

Chlamyde : manteau en laine, d'origine thessalienne.

Chorégie : une des liturgies. Le chorège était chargé de supporter les frais d'un chœur lors des fêtes athéniennes.

Comédie ancienne : les Anciens classaient les poètes comiques selon la chronologie et les sujets traités. La comédie ancienne débute avec l'institution des concours dionysiaques (les Dionysies en 486, les Lénéennes en 440) prenant fin à la mort d'Aristophane vers 385 av. J.-C. Ainsi Cratinos, Eupolis et Aristophane, qui pratiquent une comédie riche en invectives et traitent souvent de sujets politiques d'actualité, sont considérés comme des poètes de la comédie ancienne. La comédie moyenne va du début du IVe siècle à la mort d'Alexandre. C'est un mélange entre comédie politique et comédie de mœurs. La comédie nouvelle, dont le plus grand représentant est Ménandre, débute en 322.

Contributions de guerre : en grec *eisphora*. En 428, Cléon, le successeur de Périclès à la tête du parti démocratique, institua l'impôt de guerre qui touchait les trois premières classes censitaires des Athéniens et les métèques les plus riches, qui devaient contribuer à un soixantième du montant exigé.

Cothurne : chaussure, sorte de bottine, montant à mi-jambe, portée indistinctement sur le pied droit ou gauche, utilisée surtout à l'extérieur et pour les voyages. Le cothurne est également la chaussure que les acteurs portent au théâtre.

Couverture : *sisyra*, manteau épais, rustique, non tissé.

Dioscures : héros jumeaux, fils de Zeus (d'où leur nom) et de Léda ; l'un s'appelait Castor, l'autre Pollux.

Encycle : vêtement rond strictement féminin.

Elaphébolion : mois du calendrier attique (fév.-mars).

Éleusis : dème d'Attique, célèbre par le culte des deux déesses Déméter et sa fille Koré et les mystères quI s'y déroulaient.

Ergastines : jeunes filles d'Athènes choisies pour tisser le péplos offert à Athéna lors des Panathénées.

Exodos : « sortie ». Dernière partie ou dénouement de la comédie, souvent chanté par le chœur.

Exomide : tunique courte attachée à une seule épaule et portée par les hommes pauvres et les esclaves.

Gamélion: mois du calendrier attique (déc.-janv.)

Hécatombaion : mois du calendrier attique (juillet-août).

Héliée : tribunal populaire à Athènes composé de 6 000 juges, tirés au sort tous les ans.

Hoplites : fantassins qui servaient dans l'infanterie lourde. Au ve siècle ils étaient le plus souvent issus de la troisième classe censitaire, les zeugites.

Liturgie : contribution volontaire, sorte d'impôt qui touchait les plus riches citoyens et les métèques.

Manteau de laine : *chlaina*, vêtement très élégant et cher.

Mine : elle vaut 100 drachmes et pèse 457, 6 g.

Orcanette : fard extrait de l'anchuse, plante aux racines rouges de la famille de la bourrache.

Pan : dieu aux pieds de bouc souvent associé à la Grande Mère ou Cybele et jouissant d'un attrait particulier auprès des jeunes femmes qui le célèbrent avec des chants et des danses dans des veillées nocturnes.

Panathénées : fêtes athéniennes en l'honneur d'Athéna Polias, protectrice de la cité, qui avaient lieu au mois d'Hécatombéion.

Parabase : littéralement « action de franchir ». Dans la comédie, ce mot désigne le moment où le chœur s'avance vers les spectateurs.

Parodos : « chemin à côté, le long de, entrée», désigne la première entrée du chœur sur la scène.

Pentacosiomédimnes : citoyens athéniens appartenant à la première des classes censitaires établies par Solon à la fin du VIe siècle.

Péplos : vêtement féminin formé d'un rectangle de tissu en laine, de couleur uniforme.

Péribarides : chaussures bon marché ou pantoufles pour femmes, portées à l'intérieur de la maison.

Persiques : chaussures d'intérieur ou pantoufles utilisées par les femmes et les enfants.

Phylarque : commandant d'un escadron de cavalerie composé de cent hommes issus d'une même tribu. Ils étaient dix à Athènes.

Prytanes : membres de la Boulé.

Probouleumata : projets de loi préparés par le Conseil à Athènes et soumis au vote de l'Assemblée du peuple ou *ecclésia.*

Probouloi : commission créée à Athènes en 413 pour prendre des mesures d'urgence concernant le salut de l'État. Dans *Lysistrata,* Aristophane transforme en personnage un de ces magistrats pour matérialiser sur scène la politique athénienne de cette période.

Sénat d'Athènes : en grec *gerousia.* À Sparte, on donnait le nom de *gerousia* au Conseil des vingt-huit vieillards qui, aidés des deux rois, administraient la cité de façon tout à fait oligarchique. À Athènes, cité démocratique, le conseil ou Boulé, était un organe représentatif du peuple, formé par cinq cents membres.

Scytale : bâton que les Spartiates utilisaient pour envoyer des dépêches d'État où des messages secrets.

Talent : vaut 6 000 drachmes et pèse 27,456 kg.

Théorikon : caisse des spectacles.

Thesmophories : fêtes en l'honneur de Déméter. À Athènes, elles avaient lieu en automne. Seules les femmes mariées pouvaient y participer.

Tuniques safranées : la crocote, tunique ou chiton teinté au safran, donc de couleur jaune-orangé.

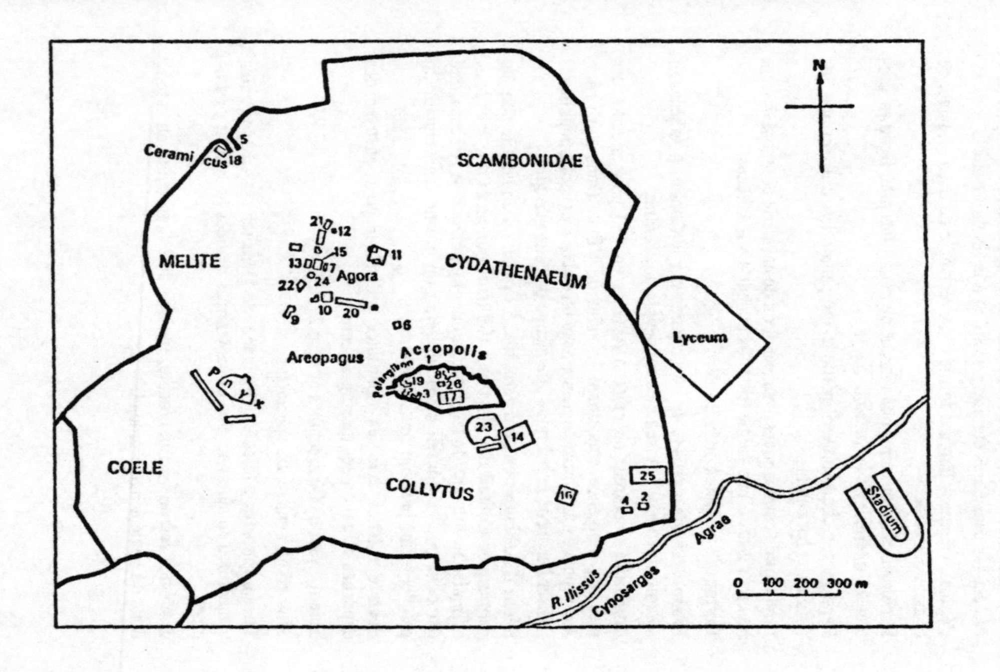

N
Cerami
cus
SCAMBONIDAE
MELITE
CYDATHENAEUM
Agora
Lyceum
Areopagus
Acropolis
Pnyx
COELE
COLLYTUS
Stadium
Agrae
R. Ilissus
Cynosarges
0 100 200 300 m

Plan d'Athènes

1. Sanctuaire d'Aglauros
2. Temple d'Apollon Delphinios
3. Sanctuaire d'Artémis Brauronia
4. Tribunal siégeant près du temple d'Apollon Delphinios
5. Porte du Dipylon
6. Temple de Déméter
7. Statues des Éponymes
8. Érechtéion
9. Prison
10. Héliée
11. Tribunaux
12. Léocorion
13. Nouveau Bouleutérion
14. Odéon de Périclès
15. Ancien Bouleutérion
16. Tribunal du Palladion
17. Parthénon
18. Pompéion
19. Propylées
20. Stoa ou portique sud
21. Stoa du *Basileus*
22. Stratègion
23. Théâtre de Dionysos
24. Tholos
25. Olympéion
26. 'Οπισθόδομος (?)

Ce plan d'Athènes est tiré de l'ouvrage de P. J. Rhodes, *A Commentary on the Aristotelian* Athenaion Politeia, Oxford, 1981, p. 764.

BIBLIOGRAPHIE

M. BIEBER, *The History of the Greek and Roman Theater*, Princeton, 1961.

J.-Cl. CARRIÈRE, *Le Carnaval et la politique. Une introduction à la comédie grecque suivie d'un choix de fragments*, Paris, Les Belles Lettres, 1979 (Annales de Besançon).

K.J. DOVER, *Aristophanic Comedy*, Berkeley and Los Angeles, Univ. of California Press,1972.

V. EHRENBERG, *The People of Aristophanes. A Sociology of Old Attic Comedy*, New York, 1962.

Th. GELZER, « Aristophanes », *RE* , Suppl. XII, 1970, 1352-1569.

J.J. HENDERSON, « The Demos and the Comic Competitions », in J.J. WINKLER and Fr. ZEITLIN éd, *Nothing to do with Dionysos ? Athenian Drama in its Social Context*, Princeton, 1990, p. 271-313.

J.J. HENDERSON, *The Maculate Muse*, New Haven, Londres, 1975.

Th. K. HUBBARD, *The Mask of Comedy. Aristophanes and the Intertextual Parabasis*, Cornell University Press, 1991.

A. KOMORNICKA, *Métaphores, personnifications et comparaisons dans l'œuvre d'Aristophane*, Varsovie, Cracovie, 1964.

N. LORAUX, « L'Acropole comique », in *Ancient Society* 11-12, 1980-1981, p. 119-150, repris dans *Les Enfants d'Athéna*, Paris, 1990, p. 157-196 .

G. MASTROMARCO, *Introduzione a Aristofane*, Bari, 1994.

H.W. PARKE, *Festivals of the Athenians*, Londres, 1977

A.M. PICKARD-CAMBRIDGE, *Dithyramb, Tragedy and Comedy*, 2e éd. révisée par T.B.L. Webster, Oxford, 1962.

A.M. PICKARD-CAMBRIDGE, *Dramatic Festivals of Athens*, 2e éd. révisée par J. Gould et D.M. Lewis, Oxford, 1988.

A.M. PICKARD-CAMBRIDGE, *The Theatre of Dionysos at Athens*, Oxford, 1949.

M. ROSSELLINI, « *Lysistrata* : une mise en scène de la féminité », in *Aristophane, les femmes et la cité*, Fontenay-aux-Roses, 1979, p. 11-32.

L. STONE, *Costume in Aristophanic Comedy*, New York, 1981.

J. TAILLARDAT, *Les Images d'Aristophane*, Paris, Les Belles Lettres, 1965.

C. H. WHITMAN, « War between sexes », in *Aristophanes and the Comic Hero*, Harvard University Press, 1971 (1re éd. 1964).

Table

Dans la même collection

1. Aristophane, *Lysistrata.*
2. Aristote, *Constitution d'Athènes.*
3. Cicéron, *L'Amitié.*
4. Platon, *Alcibiade.*
5. Suétone, *Vies des douze Césars, Claude ~ Néron.*
6. Plotin, *Première Ennéade.*
7. Eschyle, *Les Sept contre Thèbes.*
8. Platon, *Critias.*
9. Aristote, *La Poétique.*
10. Horace, *Odes.*
11. Pline l'Ancien, *Histoire Naturelle, XXXV, La peinture.*
12. Virgile, *Bucoliques.*
13. Platon, *Ménexène.*
14. Tacite, *Vie d'Agricola ~ La Germanie.*
15. Platon, *Protagoras.*
16. Sophocle, *Antigone.*
17. Sénèque, *La Vie heureuse ~ La Providence.*
18. Cicéron, *Le Bien et le Mal, De finibus, III.*
19. Platon, *Gorgias.*
20. Hérodote, *L'Égypte, Histoires, II.*
21. César, *Guerre des Gaules, I-II.*
22. Ovide, *Les Amours.*
23. Plotin, *Deuxième Ennéade.*
24. Sophocle, *Œdipe Roi.*
25. Tite-Live, *Histoire romaine, I, La Fondation de Rome.*
26. Virgile, *Géorgiques.*
27. Pseudo-Sénèque, *Octavie.*
28. Catulle, *Poésies.*
29. Aristote, *Politique II.*
30. Aristophane, *Les Guêpes.*
31. Homère, *Iliade, chants I à VIII.*
32. Euripide, *Les Bacchantes.*
33. Plaute, *Pseudolus.*
34. Tertullien, *Apologétique.*
35. Homère, *Iliade, chants IX à XVI.*
36. Platon, *Phèdre.*

37. Homère, *Iliade, chants XVII à XXIV.*
38. Salluste, *La Conjuration de Catilina.*
39. Cicéron, *Pro Milone.*
40. Platon, *Lysis.*
41. Plotin, *Troisième Ennéade.*
42. Diogène Laërce, *Vie de Platon.*
43. Pline l'Ancien, *Histoire naturelle, XXXIII, Nature des métaux.*
44. Pétrone, *Satiricon.*
45. Apulée, *Apologie.*
46. Lucien, *Alexandre ou le faux prophète.*
47. Plutarque, *Les Vies parallèles. Alcibiade ~ Coriolan.*
48. Démosthène, *Sur la Couronne.*
49. Euripide, *Hécube.*
50. Mamertin, *Panégyriques de Maximien (289 et 291).*
51. Platon, *Hippias mineur.*
52. Xénophon, *Anabase, I-II.*
53. Suétone, *Vies des douze Césars, Tibère ~ Caligula.*
54. Salluste, *La Guerre de Jugurtha.*
55. Eschyle, *Les Perses.*
56. Sophocle, *Ajax.*
57. Horace, *Satires.*
58. Homère, *Odyssée, chants I à VII.*
59. Homère, *Odyssée, chants VIII à XV.*
60. Homère, *Odyssée, chants XVI à XXIV.*
61. Juvénal, *Satires.*
62. Cicéron, *De la vieillesse* (*Caton l'Ancien*).
63. Julien, *Misopogon.*
64. Aristote, *Économique.*
65. Pline l'Ancien, *Histoire naturelle, XXX, Magie et pharmacopée.*
66. Platon, *Apologie de Socrate.*
67. Eschyle, *Les Suppliantes.*
68. Christopher Marlowe, *La Tragique Histoire du Docteur Faust.*
69. *La Bhagavad-Gîtâ.*
70. Ben Jonson, *Volpone ou le Renard.*
71. William Shakespeare, *Richard II.*
72. William Shakespeare, *Les Joyeuses Commères de Windsor.*
73. Pierre Gassendi, *Vie et mœurs d'Épicure, vol. I.*
74. Pierre Gassendi, *Vie et mœurs d'Épicure, vol. II.*

75. John Marston, *La Tragédie de Sophonisbe.*
76. John Webster, *La Duchesse d'Amalfi.*
77. Jean Second, *Les Baisers* - Michel Marulle, *Épigrammes.*
78. Plutarque, *Sur les oracles de la Pythie.*
79. Euripide, *Hélène.*
80. Hérodote, *Marathon, Histoires, VI.*
81. Sénèque, *Lettres à Lucilius, livres III et IV.*
82. Apulée, *Les Métamorphoses ou L'Âne d'or.*
83. Suétone, *Vies des douze Césars, César ~ Auguste.*
84. Aristophane, *Ploutos*
85. Plutarque, *Érotikos. Dialogue sur l'amour*
86. Xénophon, *Économique*
87. Julien, *Lettres*
88. Hésiode, *Théogonie*
89. Lucien, *Portraits de philosophes*
90. Lucien, *Voyages extraordinaires*
91. Aristophane, *Nuées*
92. Théocrite, *Idylles*
93. Ovide, *Les Métamorphoses*
94. Mullâ Sadrâ Shîrâzî, *Le verset de la lumière. Commentaire*
95. Thucydide, *La Guerre du Péloponnèse, livres I, II*
96. Thucydide, *La Guerre du Péloponnèse, livres III, IV, V*
97. Thucydide, *La Guerre du Péloponnèse, livres VI, VII, VIII*
98. Cicéron, *Pour Sextus Roscius*
99. Lucrèce, *De la Nature*
100. Platon, *Le Banquet*
101. Lysias, *Contre Ératosthène*
102. Lucien, *Comédies humaines*
103. Plutarque, *Sur les délais de la justice divine*
104. Sénèque, *Tragédies*
105. Basile de Césarée, *Aux jeunes gens*
106. Sophocle, *Philoctète*
107. Aristophane, *Les Grenouilles*
108. Euripide, *Médée*
109. Cicéron, *Les Catilinaires*
110. Achille Tatius, *Le Roman de Leucippé et Clitophon*
111. Porphyre, *Vie de Plotin*
112. Virgile, *L'Énéide*
113. Cicéron, *Les Devoirs*
114. Eschyle, *Agamemnon*
115. Plutarque, *Vie d'Antoine*

Ce volume,
le premier
de la collection « Classiques en poche »,
publié aux Éditions Les Belles Lettres,
a été achevé d'imprimer en février 2016
par La Manufacture imprimeur
52205 Langres Cedex

Dépôt légal : février 2016
N° d'édition : 8230 - N° d'imprimeur : 160077
Imprimé en France